COLLECTION
FOLIO DOCUMENTS

Eva Joly

Notre affaire à tous

avec la collaboration
de Laurent Beccaria
Préface inédite de l'auteur

Les Arènes

Je dédie ce livre à tous ceux qui permettent à la Justice de mériter son nom, et d'abord à Laurence Vichnievsky.

À partir de ce moment, il est possible de dire que la peste fut notre affaire à tous. Jusque-là, malgré la surprise et l'inquiétude que leur avaient apportées ces événements, chacun de nos concitoyens avait poursuivi ses occupations, comme il l'avait pu, à sa place ordinaire. [...] À la vérité, il fallut plusieurs jours pour que nous nous rendissions compte que nous nous trouvions dans une situation sans compromis, et que les mots « transiger », « faveur », « exception » n'avaient plus de sens.

Albert Camus
La peste

Préface

La justice financière occupe une place déraisonnable dans le débat public. Chaque jour, les éditorialistes glosent sur « les juges », leurs plans supposés, les menaces qu'ils feraient planer sur tel ou tel candidat. La scène médiatique présente la justice financière comme un jeu de ball-trap, où il s'agirait de faire tomber des têtes. Les hommes politiques se battent à coups de sous-entendus judiciaires. Cette situation n'est pas saine. Elle est dangereuse pour tout le monde — et notamment pour les juges.

Faut-il répéter, inlassablement, qu'il n'y a pas de complot des magistrats financiers ? Cette idée trop souvent répandue est un leurre. La grande peur de certains dirigeants aurait tort de se focaliser sur nous. Il suffit de côtoyer quelques heures les juges français pour comprendre que l'attrait du pouvoir est sans doute la chose qui leur est la plus étrangère au monde. C'est un corps plutôt conventionnel, prudent, discret jusqu'au chuchotement, respectueux de la hiérarchie. J'en parle avec d'autant plus de liberté que j'en fais partie.

Ce pouvoir que nous exerçons de fait est un pouvoir par défaut. Nous ne sommes pas formés pour y faire face ; nous ne l'avons pas cherché et il ne peut pas durablement rester entre nos mains. Lorsque j'ai commencé à instruire des dossiers financiers, je surprenais des sourires narquois chez les témoins que j'entendais. Ils étaient visiblement surpris de ma méconnaissance des pratiques du pouvoir. Leurs sourires ont été de courte durée, car nous avons appris vite. Notre naïveté était cependant la preuve de notre innocence. Il n'y a pas de volonté collective chez les juges financiers : ce sont les circonstances qui ont décidé pour nous.

Nous avons simplement été placés à l'endroit où le nouveau monde, celui de la mondialisation et de la finance globale, rencontrait le monde ancien, celui du Code pénal, des institutions nationales et des citoyens ordinaires. Nos bureaux antiques, équipés d'armoires métalliques et de machines à écrire qui s'emballaient à chaque saut de ligne, ont été comme ces failles où les plaques tectoniques des continents se heurtent et se soulèvent, en provoquant des éruptions volcaniques ou des raz de marée.

La justice financière a accompagné timidement et maladroitement la mondialisation des échanges commerciaux et le développement de la finance globale, au-dessus des États-nations. Les lois ont été conçues à l'intérieur des États. La finance se joue désormais des frontières. Cinquante pour cent des capitaux échangés dans le monde transitent par les paradis fiscaux et les micro-États bancaires. À quoi bon cambrioler une banque, constatait il y a déjà quatre ans mon collègue espagnol, Baltazar Garzon, quand il est plus facile aujourd'hui et plus rentable de l'acheter aux îles Caïmans, au Monténégro, ou au Luxembourg, et de transformer cette coquille vide en lessiveuse d'argent sale ? L'impunité est assurée pour les délinquants internationaux. Le cumul des saisies de drogue depuis vingt ans atteint à peine un jour du commerce mondial de stupéfiants.

Je regrette d'avoir à enfoncer encore et toujours ces portes ouvertes. Mais la réflexion publique sur la criminalité financière est balbutiante et tissée de mauvaise foi. Il nous faut toujours reprendre l'explication au point de départ. Le nouveau monde n'est pas simplement le résultat d'un changement économique et financier : il déplace les frontières de la légalité ; il modifie le sens de la politique, notre relation à autrui et les valeurs de notre société. Notre démocratie ne s'est pas adaptée. Elle n'a pas osé — ou pas voulu — changer les règles, prendre à bras-le-corps la grande transformation du monde, reconnaître ce qui avait changé, contrôler ce qui était apparu incontrôlable. Nous vivons aujourd'hui le choc entre l'évolution sociale et financière, d'une part, et la permanence des règles anciennes, d'autre part. Aussi nos systèmes politiques et sociaux sont-ils devenus comme des astres morts : le cœur s'est éteint, mais la lumière continue à nous parvenir.

Nos vieilles démocraties ont appliqué le principe cher au prince Salina dans *Le Guépard* de Tomasi di Lampedusa : *Que tout change pour que rien ne change.* Elles ont cru qu'en sauvant les apparences, elles protégeraient leur situation et l'aveuglement des citoyens. Elles ont eu tort. Faute d'avoir assumé le changement, les corps dirigeants sont pris au piège et restent sans voix. Combien de P-DG d'entreprises, d'élus, de ministres, de chefs d'État et désormais de banquiers ont décidé de parler vrai ? Depuis vingt ans et le premier dossier de « fausses factures », les arguments les plus confondants se sont succédé.

Rien de bon ne sortira de cette fuite en avant. Nous avons tout d'abord connu l'époque de la condescendance. Les analystes politiques évoquaient des dérapages individuels. Bien sûr, toute communauté comporte en son sein des individus qui franchissent la ligne jaune. Mais, quand ils sont des centaines, l'explication individuelle ne tient plus la route. Aussi ce premier rempart s'est-il progressivement effrité avant de disparaître tout à fait.

Puis nous avons eu droit à la complainte des partis misérables. Sans financement public, les organisations politiques avaient dû se « débrouiller », selon le terme alors en vigueur. Ce système nous a été présenté comme étant marginal, artisanal, bricolé, appliqué du bout des doigts par des intermédiaires qui firent office de fusibles. Plusieurs lois furent votées. Je laisse les citoyens français apprécier quelle en fut la portée réelle.

Nous sommes aujourd'hui dans le déni pur et simple de la réalité, jusqu'à l'absurde. Un exemple parmi cent : Jean d'Ormesson, qui expliquait récemment encore dans *Le Figaro* les affaires à sa manière : « *Des abus éclatants ont été commis — et des pratiques courantes sont poursuivies comme des crimes. La confusion entre la paille et la poutre ajoute au désordre au lieu de le combattre. Chez nous, qui ignore que des ministres pouvaient se servir de leur voiture pour aller à la chasse ? Et alors ? Il n'y avait que le général de Gaulle pour payer l'essence de ses week-ends. Et les emplois fictifs ? Je soutiendrais volontiers qu'un grand pays s'honore en offrant, selon la vieille tradition républicaine, des emplois fictifs à des poètes, à des musiciens, à des artistes.* »

Si un petit juge, femme de surcroît, d'origine norvégienne pour ne rien arranger, peut oser une remarque à un académicien français, j'aimerais lui conseiller d'échanger ses « pink glasses » comme disent les Anglais ou de chausser pour nous d'autres lunettes avant d'expliquer le monde où nous vivons. Sa vision de la corruption relève de la Comtesse de Ségur. D'affaires en affaires, l'unité de compte de la délinquance politico-financière est malheureusement le million de francs, ce qui est quand même une somme qui dépasse le plein d'essence d'une voiture sur le chemin de la chasse ! Le cumul des détournements suspectés en France dépasse d'ores et déjà plusieurs milliards de francs — et je mentionne simplement ici les affaires à dimension politique. Quant aux bénéficiaires de ce système, n'en déplaise à monsieur d'Ormesson, il se trouve parmi eux — hélas ! — assez peu de poètes ou de musiciens, mais beaucoup de financiers douteux, d'hommes de main, de conseillers de l'ombre, de trafiquants d'armes, de mafiosi et de gérants de casinos, ce qui n'honore pas vraiment notre république.

Il existe une question simple, de bon sens, à la portée d'un enfant de sept ans et donc, semble-t-il, d'un académicien, mais à laquelle personne n'ose répondre : à quoi peut bien servir tout cet argent, ces milliards de commissions cumulées, ces centaines de millions de pots-de-vin successifs ? Certes, les campagnes électorales coûtent de plus en plus cher, on le constate aux États-Unis d'une élection à l'autre. Mais, en France, la publicité politique est interdite. Et le financement public n'est pas négligeable. Il est même apparu confortable lorsque les budgets ont été votés. Si tout l'argent détourné avait été scrupuleusement dépensé par les responsables politiques dans leurs appareils officiels, chacun d'entre eux aurait le loisir d'édifier de somptueux immeubles dans toutes les grandes villes de France et d'entretenir un personnel innombrable. Si l'argent a servi à d'autres fins, cela veut dire que le financement politique n'est que la pointe émergée d'un iceberg. Il existe en effet une économie parallèle, qui a ses réseaux, sa clientèle, ses ramifications, ses zones d'influence, sa géopolitique. Il est frappant d'observer combien les dossiers semblent reliés les uns aux autres, comme si l'on tirait les fils d'une même pelote. Prendre la mesure de cette économie parallèle sera le grand enjeu des années à venir.

Dans le même ordre d'idées, le tabou de l'enrichissement personnel subsiste encore. On nous explique que tous les dirigeants impliqués dans ces trafics auraient pris le risque considérable d'enfreindre la loi pour la bonne cause. Ces hommes et ces femmes, tous également vertueux, auraient manipulé des centaines de millions d'argent noir sans en profiter pour eux-mêmes, pour leur carrière, ni en faire bénéficier leurs proches. Les exemples étrangers en Espagne ou en Italie, pour ne citer qu'eux par exemple, n'incitent cependant pas au même optimisme. Et d'ailleurs, les statistiques de Pierre Lascoumes, un chercheur réputé, à partir des affaires politico-financières jugées en France sont cruelles : les quatre cinquièmes des infractions arrivées devant nos tribunaux comportent une part d'enrichissement personnel.

J'ai connu l'année dernière une petite expérience symbolique. L'hebdomadaire Télérama avait demandé à l'un de ses journalistes de passer une semaine au pôle financier. Nous l'avions reçu, conscients de l'importance de montrer à nos concitoyens comment nous dépensions l'argent de leurs impôts, et quels étaient nos moyens face à la grande délinquance d'argent. Pour illustrer son enquête, il m'a posé quelques questions le dernier jour, notamment sur l'enrichissement personnel. À mes yeux, c'était un problème anodin. À ma grande surprise, cet entretien a été censuré. Le directeur de la rédaction m'a appelée pour m'expliquer que sa déontologie l'empêchait de publier des propos qui minaient la démocratie ! Sa réaction m'a prouvé combien l'esprit des intellectuels était encore fermé à la réalité de la corruption telle qu'elle est. Le leitmotiv des gardiens du Temple avait porté ses fruits. Comme le disait Aldous Huxley dans *Le meilleur des mondes* : « Soixante-deux mille quatre cents répétitions font une vérité. »

Ces propos feraient sourire s'ils ne nourrissaient pas une inquiétude croissante chez tous ceux dont le métier est d'appliquer la loi. La politique, l'économie et la finance n'ont plus grand-chose à voir avec ce qu'elles étaient en 1970. La justice, elle, patine toujours dans ses frontières obsolètes, avec son organisation dépassée. Les progrès des technologies de l'information et la floraison des zones de non-droit pour les capitaux vont accentuer encore l'ampleur de l'économie parallèle. L'état d'urgence aurait dû être déclaré depuis bien longtemps. Or rien n'avance. Pire, tout se complique.

Je suis inquiète devant une justice sans moyens. Plus de mille lois sont votées chaque année. Dans presque toutes les juridictions la somme des affaires traitées a été multipliée par deux ou par trois en trente ans. Mais aucune réponse n'a été donnée à la hauteur de ce défi. La gestion à courte vue l'emporte sur la vision politique. Nous sommes toujours à quelques dizaines près le même nombre de magistrats qu'au temps de Madame Bovary, à l'époque des querelles de bornage et de voisinage.

Je ne reprendrai pas la complainte de tous les professionnels. D'autres, plus qualifiés que moi, l'ont fait avec éclat. Les indemnités dérisoires des avocats commis d'office, l'état déplorable de nombreuses prisons ou des centres de transit des clandestins, la faiblesse des effectifs et des moyens matériels, le mépris dans lequel sont tenus les greffiers, l'absence totale de gestion des carrières... Il ne suffit pas de dire que la justice doit être juste : elle doit donner à voir qu'elle est juste. Or la justice rendue aujourd'hui au nom du peuple français n'est pas digne de l'Histoire de la France et encore moins de sa place actuelle de quatrième puissance industrielle du monde, membre du G7, moteur de l'Europe. À population équivalente avant la réunification, l'Allemagne comptait plus de trois fois plus de magistrats que la France. Pour donner un ordre d'idée à nos concitoyens, le budget de la seule Ville de Paris est supérieur à celui du ministère de la Justice pour la France entière. Cette comparaison se passe du moindre commentaire.

Je suis inquiète devant une justice transformée en royaume de l'Absurdie. Les dernières lois votées par le Parlement semblent inapplicables en l'état. L'organisation judiciaire est au bord de la rupture. La procédure d'appel pour les procès d'assises est une bombe à retardement. Personne ne sait comment faire face sinon allonger encore et toujours les délais de jugement. Les répercussions sur les procédures correctionnelles et civiles seront innombrables. Il ne faut pas être un génie de la prospective pour prédire que la France sera régulièrement condamnée par la Cour européenne des droits de l'homme à la suite de procédures qui deviendront inexorablement trop longues en regard du droit européen. Mais nos lamentations doivent faire sourire les promoteurs de ces réformes. La débâcle était prévisible. Comment peut-on voter une loi sans lui adjoindre les moyens correspondants ? La place Vendôme n'est pas peuplée de gribouilles. Les autorités savaient ce qui allait advenir. Elles ont empilé les amendements de circonstance acceptés sans débat, les projets ambitieux qui camouflaient des intentions particulières moins avouables, l'à-peu-près et l'amateurisme. Ils obtiendront ce qu'ils cherchaient : l'enlisement de la justice dans une lenteur et un byzantinisme d'un autre âge.

Je suis inquiète de la complication croissante des procédures en Europe. Le législateur traite les magistrats et les policiers comme s'ils étaient par fonction susceptibles d'attenter aux droits de l'homme. Alors qu'il me semble que notre devoir collectif est plutôt de rechercher et de juger ceux qui menacent les droits fondamentaux de l'être humain : aller et venir en paix, vivre dans une société où les règles communes sont respectées, où le racket, l'entente illicite et la corruption sont réprimés, ne pas vivre dans des zones de non-droit.

La France n'est pas la seule à connaître cet enlisement judiciaire inexorable. La justice suisse épuise la moitié de ses forces dans des procédures de recours en cascades. Les Italiens ont dû relâcher plus de soixante mafieux au début de l'année dernière, bien que leur culpabilité dans de nombreux meurtres ait été avérée ! Mais les mafiosi avaient dépassé les délais de jugement acceptables par la Cour européenne des droits de l'homme... Cette même juridiction avait au début de l'année sommé la France d'indemniser le parrain marseillais Francis le Belge quelques jours avant qu'il ne soit assassiné par un gang adverse. Tout est bon pour ralentir les procédures. En ce qui concerne l'instruction Elf, plus de vingt recours devant la chambre d'accusation ont déjà été examinés en cours d'instruction.

Sans moyens, sans recrutement, absorbés par une bureaucratie qui prolifère, obligés d'être partout à la fois mais nulle part deux fois présents au cours d'une même procédure sous peine d'être écartés pour partialité, les magistrats vont devoir trouver la solution d'une équation impossible à résoudre.

Je ne voudrais pas terminer ces libres propos sans transmettre à nos concitoyens l'espoir qui m'anime. Je crois à la logique des situations. Nous allons vivre des turbulences. Il y aura des à-coups et des victoires à la Pyrrhus de la part des tenants de l'ombre et du crime d'argent. Mais la contradiction est telle entre les principes fondamentaux de la démocratie et la montée en puissance de la délinquance d'argent que les citoyens européens sauront réagir. C'est une simple question de temps.

La justice est aujourd'hui l'oscillographe de la

grande transformation que nous vivons. C'est un instant grave et important de notre vie démocratique. Si, à travers l'Europe, les juges arrivent à faire passer leur devoir, leur sens de la responsabilité, au-delà de leurs intérêts de carrière ou des forces qui s'opposent à eux, quelque chose de vital et de fondamental aura lieu. Un rapport de force démocratique aura été rééquilibré. Les tricheurs, les criminels d'argent, les mafieux verront que leur quasi-impunité actuelle n'est pas un dû.

Je préfère voir la situation actuelle comme un passage, un changement de peau et une mutation. La justice de demain, c'est inéluctable, sera internationale, mieux formée, irriguée par des compétences multiples, notamment d'anciens cadres économiques. Elle sera recentrée sur sa mission traditionnelle : dire la justice, obtenir la réparation symbolique. Elle sera refondue par le législateur autour d'une nouvelle échelle des délits et des peines.

Il nous faudra bien sûr parcourir un long chemin pour arriver au terme de cette métamorphose. Notre génération de magistrats en Europe en a déjà tracé les premières ébauches. L'appel de Genève, lancé le 1er octobre 1996 par sept grands magistrats européens, mais relayé par des milliers d'autres, a été une étape importante. D'autres pages seront tournées.

Nous ne sommes pas seuls. J'ai été frappée, suite à la parution de *Notre affaire à tous*, par la tonalité des centaines de lettres que j'ai reçues. Des lecteurs anonymes me racontaient comment dans une banque, un service public, un syndicat, un journal, ils avaient résisté à la loi du plus fort, qui trop souvent a supplanté la loi pour tous. Ils avaient respecté les règles, quel qu'en ait été le prix. Et c'est avec des mots justes qu'ils m'écrivaient le prix que, parfois, ils avaient dû payer. Aucun ne le regrettait. Ils se battaient, au cœur des institutions, dans la vie communale, dans les affaires, pour que l'essentiel soit sauvé.

Nous ne sommes que des relais ponctuels, le temps d'une carrière de service public, avant de transmettre le témoin aux plus jeunes. De même, dans la vie économique ou dans les cabinets d'avocats, il existe un grand nombre de structures qui œuvrent pour le bien commun, dans le respect des lois. Le devoir de notre génération est de laisser aux suivantes une perspective, un espoir, des leviers d'action au service de tous. Tout simplement pour que, demain, l'avenir soit encore possible.

E. J.

Pourquoi j'écris

Longtemps je me suis crue protégée par mon innocence. Je n'avais que des passions avouables et des intentions banales : accomplir la tâche pour laquelle les contribuables français me payaient, appliquer la loi. Je me rendais compte, bien sûr, que les dossiers dont j'avais la charge excitaient la curiosité des médias. Mais je me savais une femme simple. Je pensais que tout le monde saurait faire la part des choses entre l'image publique et ma vérité personnelle.

Je vivais avec mon double de papier. Une femme portait mon nom, avait pris mon visage, mais ne me ressemblait pas. Ce personnage factice, fabriqué à coups d'échos « confidentiels » et de dépêches d'agence, d'articles assassins ou de portraits complaisants, m'était étranger. Je haussais les épaules devant la puissance que l'on m'accordait. Je m'amusais parfois des stratégies complexes que l'on me prêtait. Je savais qui j'étais, d'où je venais et où j'allais. Des amis me rapportaient les rumeurs qui circulaient dans Paris. On me disait agent d'influence, redoutable poisson trouble d'une puissance étrangère, et je me dépêchais de rentrer avant la fermeture des magasins pour faire les courses ou pour garder, le soir, ma petite-fille de dix-huit mois que ses parents me confiaient pour sortir. On me prêtait des intentions terrifiantes, des amants bien placés et quelques faiblesses coupables, alors que je vivais ma vie de femme, tout simplement ; je prenais régulièrement l'avion pour retrouver une maison de bois, sans électricité, dans l'immensité blanche de la Norvège où je suis née. On décrivait une internationale des juges, et je passais mon samedi de permanence au tribunal de grande instance de Paris pour traiter le tout-venant de la délinquance de rue : faux papiers, coups de couteau, étrangers en situation irrégulière... Je pensais que le décalage criant entre l'image et la réalité me protégeait contre mon double.

Cette attitude-la était trop simple. Nous ne vivons pas dans le meilleur des mondes possibles, où la vérité l'emporterait toujours sur le calcul. La médiatisation est un processus implacables, surtout pour ceux qui la subissent sans la chercher. Je sais désormais que mon double m'a supplantée dans le regard des autres. Chacun de mes gestes est interprété en fonction de l'image virtuelle qui a été créée. Même pour des amis qui me connaissent depuis des années, il est devenu difficile de faire la part du diable.

Projections

Je voudrais raconter deux anecdotes qui illustrent la force de cet engrenage. Cet automne, on m'a présenté une jeune collègue lors d'une réception au Palais de Justice. Cette femme m'a regardée droit dans les yeux, l'œil méfiant : « Je n'aime pas ce que tu fais. » Elle ne me connaissait que par journaux interposés. Nous avons parlé : tout ce qu'elle me reprochait avait été inventé. J'aurais empêché un détenu de recevoir ses médicaments... J'aurais envoyé des procès-verbaux à des journalistes... À force d'être colportés et amplifiés, des mensonges les plus énormes avaient fini par devenir pour elle plus vrais que l'évidence. C'est le propre de la rumeur.

Lorsque je participais aux procès d'assises, j'étais toujours impressionnée par la sélection du jury populaire. La défense avait le droit de récuser certaines personnes tirées au sort. En fonction de leur sexe, de leur âge ou de leur visage, chacun imaginait, sans les connaître, une sévérité ou une bienveillance a priori. Désormais, c'est moi qui suis l'objet de projections. Selon les jours, on me prête une force qui appartient à l'Institution ou une violence qui est celle des faits que je découvre. Les juges, parce qu'ils sont silencieux, ressemblent à ces petites effigies en chiffon des cultes incas. Chaque citoyen perce notre image de sa propre aiguille.

L'hiver dernier, le tribunal de grande instance de Paris installait son nouveau président. La presse, les corps constitués et les magistrats étaient invités à la cérémonie. Avec Laurence Vichnievsky, nous avions décidé d'y assister. Notre absence aurait pu être interprétée comme un désintérêt, une volonté de faire bande à part. Nous savions malheureusement ce qui risquait de se passer. Pour rester le plus discrètes possible, nous sommes entrées par une petite porte latérale, afin de nous asseoir au fond de la salle. Nous étions à peine installées que les flashes des photographes ont crépité, pointant sur nous leurs zooms et provoquant un attroupement. Cela a duré toute la cérémonie. Pendant ce temps, le nouveau président consacrait son discours aux méfaits de la médiatisation. Il exhortait les magistrats à rester dans l'ombre sous la protection de l'Institution. Et je voyais dans l'œil de mes collègues une gêne et parfois de l'hostilité, comme si nous étions responsables de ce phénomène. J'entendais les murmures — « De quoi se plaignent-elles ? Elles l'ont bien cherché... »

Eh bien non, nous ne l'avons pas cherché !

Depuis des mois, il n'y a pas une semaine, parfois pas une journée, sans qu'un article cite notre nom. La plupart du temps pour ressasser les mêmes erreurs et les mêmes histoires, comme les *canards sanglants* inspirés des colporteurs du Moyen Âge, qui passaient de village en village en ajoutant à chaque halte une nouvelle variante à leur récit[1].

Dans les moments de stress, une véritable garde de journalistes se tient devant notre bureau, et chacun de nos déplacements est suivi. Il faut en permanence déjouer la veille des photographes ou des reporters. Ce feuilleton est usant et contre-productif. La première fois que j'ai dû affronter une nuée d'objectifs et de micros, j'ai eu l'impression d'être physiquement agressée. Il m'est même arrivé de courir dans le hall du Palais de Justice pour leur échapper, comme si j'étais coupable.

1. Cf. Maurice Lever, *Canards sanglants : naissance du fait divers*, Fayard, Paris, 1993.

Protections

Il faudrait être un ermite tibétain pour ne pas comprendre que le dossier Elf, qui est sans doute l'affaire financière la plus importante jamais instruite en Europe, attire les médias. Or le secret de l'instruction est une digue de papier lorsque le tam-tam médiatique s'empare d'un dossier. J'entends certains professeurs de procédure pénale, voire de grands juristes, critiquer avec dégoût les *instructions à grand spectacle*.

J'aimerais les voir instruire à notre place.

Dans le dossier Elf, nous sommes deux juges[1], deux greffiers, deux membres du parquet et trois policiers à avoir accès à tout le dossier et à être tenus au silence. Le secret de l'instruction, on l'oublie trop souvent, a d'abord été conçu pour protéger l'enquête. Lorsque nous décidons une perquisition, nous avons besoin de garder l'information secrète, sinon nous ne trouverions plus que des dossiers vides. De même, un suspect ne doit pas prématurément être au courant des charges qui commencent à converger vers lui : il aurait la tentation de fuir ou de mettre en marche sa machine à broyer les documents.

1. À l'heure où ce livre se termine, nous avons été rejoints par Renaud Van Ruymbeke.

En revanche, le secret de l'instruction ne s'applique pas aux hommes et aux femmes mis en examen, ni à leurs avocats, ni aux témoins, ni à l'homme qui a vu l'ours qui a vu... Dans le dossier Elf, par exemple, nous recevons soixante avocats qui peuvent obtenir des photocopies (c'est même essentiel pour assurer leur travail de défense), presque autant de mis en examen et plus de trois cents témoins. Ces hommes et ces femmes sont libres de parler.

Il n'y a pas non plus de secret de l'instruction pour la chaîne d'alerte de l'exécutif, qui, dans une instruction délicate, fait remonter, via le parquet, la direction de la police ou de la gendarmerie, les pièces importantes jusqu'au cabinet du garde des Sceaux et à celui du ministre de l'Intérieur, lesquels les répercutent ensuite à l'échelon supérieur. Il faut leur ajouter les services d'entraide judiciaire, ainsi que plusieurs officines d'*intelligence économique*, quelques services étrangers et certains organes de renseignement français qui gravitent autour de cette affaire, notamment la direction centrale des Renseignement généraux qui centralise les fameuses *notes blanches*[1], la

1. Ces notes, à destination du ministre de l'Intérieur, reprennent les enquêtes menées ou les échos récoltés (et non vérifiés) par la hiérarchie des Renseignements généraux. Elles sont officiellement détruites après lecture.

direction de la Sûreté du territoire, la direction générale des Services extérieurs, la direction du Renseignement militaire.

On connaît le vieil adage de la police : une personne qui sait, ce sont dix qui parlent. La nature humaine est ainsi faite. On conviendra avec moi que cela fait beaucoup de sources de fuites possibles.

Manipulations

Il faut également se garder d'un excès de naïveté lorsque les affaires atteignent ce qu'un sociologue américain, Edwin Sutherland, a appelé dès 1930 *les délinquants en col blanc.* Ces hommes et ces femmes de pouvoir évoluent dans le bain médiatico-industriel depuis des années. Ils en connaissent par cœur les mécanismes : la rumeur, les relais d'influence, les jeux de billard à trois bandes. Il est tentant pour eux d'utiliser l'arène médiatique comme un terrain d'action[1]. Toutes les stratégies sont possibles, des plus honorables aux plus machiavé-

1. Dans l'affaire du sang contaminé, des protagonistes appelés à comparaître ont remis à la presse un dossier argumentaire, comme si deux procès avaient lieu en même temps : l'un dans le prétoire, l'autre dans les médias.

liques. En six ans d'instruction à la galerie financière, je crois que j'ai tout vu. Les cabinets de relations publiques et de « communication de crise » se régalent à ce petit jeu.

Le problème des « instructions médiatiques » ne concerne pas seulement la France. Tous les pays européens confrontés aux affaires politico-judiciaires ont connu le même phénomène d'emballement. Ce n'est pas un hasard. C'est le b.a.-ba enseigné dans les écoles de communication aux États-Unis : la médiatisation à outrance permet aux personnes mises en cause de se présenter systématiquement en victimes. Par un retournement mécanique, le témoin courageux finit par apparaître comme un délateur, le policier comme un inquisiteur et le juge comme un justicier. Dans le brouhaha, l'essentiel se noie dans l'anecdote. Au bout du compte, l'opinion se lasse et n'y comprend plus rien.

La réalité et non le fantasme

Il est temps de parler vrai.

On nous dit puissants, je nous sais pauvres en moyens, mal formés, débordés de travail, mal organisés. On nous présente avides de pouvoir : je sais le prix que beaucoup d'entre nous paient leur refus de garder les paupières closes. On nous soupçonne d'un dessein collectif : je vois nos petits pas, incertains, sur le terrain du *monde sans loi*, cette sphère financière où l'absence de règles donne le vertige. On nous dépeint en justiciers : je sais l'injustice qui voit le faible subir la loi tandis que les plus forts agissent avec un sentiment d'impunité qui dépasse l'entendement. On nous dit aveugles à l'intérêt général : je vois tant de ressemblances, en France et à l'étranger, entre les corruptions d'État et les mafias en tout genre. Mêmes réseaux, mêmes hommes de main, mêmes banques, mêmes villas de marbre.

Une société a besoin de s'appuyer sur des lois qui reflètent les valeurs communes. Les enquêtes judiciaires en Europe, que ce soit en Italie, en Espagne ou en Allemagne, démontrent des fonctionnements collectifs défaillants et des mécanismes criminels au cœur du pouvoir. Nous pensions jusqu'à présent que le crime vivait dans l'ombre de nos sociétés. Nous le trouvons intimement lié aux grandes entreprises ou aux dirigeants politiques européens les plus honorables.

Soit nos vieilles nations démocratiques décideront de s'interroger sur l'ampleur du phénomène et de chercher à en comprendre les symptômes pour trouver les remèdes adéquats, soit nous préférerons rester collectivement aveugles. Il suffira alors de rejeter ceux par qui le scandale a été révélé, comme, dans l'Antiquité, on tuait les esclaves qui portaient les mauvaises nouvelles.

J'ai décidé de témoigner pour apporter ma pierre à l'édifice.

Il y a, certes, un silence nécessaire : celui de l'institution au travail, qui nous protège et que nous pérennisons par nos décisions quotidiennes, du juge des enfants au magistrat de la Cour européenne des Droits de l'homme. Ce silence est celui du service public, qui n'emploie que des ouvriers anonymes. Je ne raconterai bien sûr rien de ce que je sais : les dossiers que j'instruis appartiennent à la République et non à moi-même.

Mais il existe un silence coupable : celui des victimes consentantes. Se taire, c'est accepter de devenir le bouc émissaire de tous les cercles de pouvoir que notre action perturbe. L'ère du soupçon n'épargne personne — surtout pas la justice. Après tout, si les juges ne perquisitionnaient pas les banques, les citoyens ne s'apercevraient de rien et le monde continuerait à tourner sans heurts. Mais qui détruit la confiance dans les institutions ? L'élu qui met son pouvoir aux enchères ou le juge qui enquête sur ses comptes bancaires occultes ? En déplaçant le problème sur la Justice, on se trompe d'enjeu.

Le soupçon est ravageur

La corruption détruit la confiance nécessaire entre le citoyen et ses représentants, à qui il confie les leviers du pouvoir lors de chaque élection. Bien sûr, il n'existe pas de politique sans une part de secret. Certaines décisions doivent rester, un temps, à la discrétion d'un petit nombre d'initiés. Le pacte démocratique repose sur la confiance mutuelle. La clef de voûte est politique, mais ce contrat fondamental s'applique ensuite à tous les autres pouvoirs.

Si nous en venons un jour à imaginer que notre médecin ne va pas nous implanter un pacemaker parce que c'est nécessaire mais parce qu'il va toucher une commission, quelque chose de vital se brisera, qui ne reviendra plus. Si les employés se mettent à douter des intentions de leur patron et se rendent compte que les accords commerciaux qu'il passe servent à détourner les profits de l'entreprise, comment pourront-ils pointer encore chaque matin ? Si des syndicalistes signent des conventions collectives non par conviction, mais contre des versements de pots-de-vins au Luxembourg, quel crédit continuer à leur accorder ? Si la loi ne concerne plus que les salariés et les petits entrepreneurs, tandis qu'une partie de l'élite dirigeante s'affranchit de toutes les règles, c'est le contrat social tout entier qu'il faut revoir. Si chacun des habitants de ce pays ne peut pas penser spontanément que les marchés passés par l'État sont conclus dans l'intérêt général de la nation mais parfois pour alimenter les comptes occultes de décisionnaires ou faire fructifier des réseaux, la confiance des électeurs sera définitivement détruite pour des décennies. Est-ce dans ce monde-là que nous voulons vivre ?

L'application de la loi et le respect du droit sont les garanties de la démocratie. Aussi mon ambition dans ce livre est-elle d'abord de servir le bien commun. Je veux raconter l'injustice que notre génération de magistrats découvre chaque jour à travers l'Europe. J'écris pour empêcher qu'on y apporte le pire des remèdes : un rideau opaque entre le pouvoir et le citoyen, des traités inefficaces et l'impunité garantie à la grande délinquance d'argent. Alors bien sûr, personne ne verra plus de crime. Mais la démocratie deviendra un théâtre d'ombres.

Je ne suis pas une femme d'idées, mais d'action. Je raconte ce que j'ai vécu, au ras du sol, en mêlant le détail et l'analyse, l'anecdote et les questions, car je ne sais pas penser autrement. En remplaçant la petite figurine de tissu par une femme vivante, de chair et d'os, j'aimerais que chaque lecteur comprenne le sens de cette histoire : celle d'une femme simple et d'une génération de magistrats ordinaires plongés dans une histoire extraordinaire.

Le privilège de choisir sa vie

Je me souviendrai toujours de mon arrivée en février 1964 à Paris. J'avais vingt ans. Nous étions quatre jeunes filles au pair du même âge. J'avais passé les trente-six heures de train à réviser la conjugaison. Je savais peu de chose de la France. Notre professeur au lycée d'Oslo, qui était âgée, nous avait décrit la capitale telle qu'elle l'avait connue dans les années vingt. Ses souvenirs n'avaient pas bougé en quarante ans : les Parisiennes accouchaient chez elles, dans des appartements humides remplis de tapis poussiéreux ; les chauffeurs de taxis étaient des voleurs ; une femme ne pouvait pas sourire à quelqu'un dans la rue... Dans son regard de Norvégienne, les Français étaient un mélange de Napolitains et de Siciliens.

Lorsque j'ai posé mes valises remplies de livres, ce matin-là gare du Nord, je ne me doutais pas que c'était pour toujours. Cette année soixante-quatre fut pour moi le passage d'une vie heureuse et calme à une certaine liberté d'être. En changeant d'univers, j'ai déplacé les lignes. Je me suis affranchie de ces barrières invisibles qui ferment l'horizon quand on vit dans le pays où l'on est né.

Les enseignes, les images, les attitudes étaient autant d'énigmes dont je devais trouver la clé. J'étais subitement une autre. Je passais des heures dans les marchés opulents et odorants, je découvrais la beauté des étalages, je me perdais dans les ruelles... Je descendais la montagne Sainte Geneviève, du Panthéon à la Seine, en me répétant : « Je marche là où Voltaire a marché... » Je touchais la pierre du Louvre ou celle des hôtels du Marais. J'étais éblouie : les qualités des Français me sautaient aux yeux et leurs défauts ne me gênaient pas.

La vie simple et tranquille

Si j'ai adopté la France, si je suis tombée en amour, comme disent les Canadiens, je suis née norvégienne. Pour l'état civil, je m'appelle Gro — prononcez *Grou* — Farseth[1]. En norvégien,

1. Joly est le nom de mon mari. Eva est mon second prénom, plus simple à porter en France.

mon nom veut dire « la ferme de transhumance de Far » (un lieu-dit). Du côté maternel, mes ancêtres étaient des producteurs de framboises : ils transportaient leur marchandise en bateau à vapeur pour les vendre sur le marché à Oslo. Ma famille paternelle était une lignée d'agriculteurs de montagne, produisant assez de lait et de beurre pour survivre. Mon grand-père construisait des bateaux en bois dans un chantier naval d'où est sorti *Fram*, le navire de Nansen, l'explorateur de l'océan Arctique[1].

Depuis le début du siècle mes quatre grands-parents vivaient à Oslo. Ma grand-mère maternelle, une femme d'une grande beauté, tenait un salon de coiffure. Elle était élégante et cultivée. D'une voix superbe, elle chantait des airs d'opéra qui nous transportaient. Elle était le pivot de notre famille.

Mon père travaillait pour l'armée. Il avait hérité d'une fabrique de costumes militaires. L'atelier avait été nationalisé, mais il en avait gardé la direction. Je me souviens d'une ruche pleine de couturières, de craies, de chaleur, de couleurs et

1. Nansen est le héros national de la Norvège. Comme explorateur, il traversa le Groenland d'est en ouest et, comme homme politique, contribua à séparer la Suède de la Norvège. Prix Nobel de la paix pour son action auprès des réfugiés, il est mort en 1930.

d'étoffes. C'était un endroit qui sentait bon le café, la vie tranquille et simple. Je garde aujourd'hui encore un goût secret pour les tissus épais, les laines riches et travaillées, douces au toucher.

Dans les années cinquante, la vie était beaucoup plus dure qu'aujourd'hui en Norvège. Le pays ne bénéficiait pas encore de la rente pétrolière ni du boom des télécommunications. Mes parents n'avaient pas beaucoup d'argent, mais ne se plaignaient jamais. Au lieu d'acheter un frigidaire, ce qui était au-dessus de nos moyens, mon père s'était procuré un compresseur et avait fabriqué un frigo avec du bois laqué et des poignées magnifiques. J'ai été élevée dans cet optimisme-là : tout est toujours possible ; il suffit d'agir ; l'argent finit par arriver. Cela m'a donné un certain détachement vis-à-vis de la richesse. J'ai connu d'autres bonheurs que celui-là.

Aux abords du cercle polaire, l'hiver est une morsure. De novembre à février, le soleil reste à peine cinq heures par jour. Pour lutter contre le froid et s'installer dans la nuit, les maisons de mon enfance étaient surchauffées. On passait du très froid au très chaud, de la réverbération de la neige au crépitement du feu. Sous la pluie grise et lancinante de Paris, je regrette parfois le bonheur de la neige qui crisse sous les pieds.

Au printemps, nous nous installions dans la maison de ma grand-mère, au bord du fjord d'Oslo. Nous prenions le bateau pour aller à l'école, puis le tram. L'école commençait tôt et finissait tôt : à deux heures de l'après-midi, nous étions libres. Nous allions nous baigner après avoir fait nos devoirs, sur une petite plage en contrebas. En juin, les journées sont immenses : le soleil se couche à peine. C'est une lumière dorée difficile à décrire, qu'on retrouve dans les films de Bergman. Les crépuscules sont plus longs qu'au sud. Monet est venu quelques semaines pour essayer de peindre cette lumière, mais il est reparti sans avoir pu vraiment la saisir.

Je ne sais pas s'il existe un pays où l'homme est plus proche des dieux : en Norvège, vous vivez dans le ciel. Avec une coque de noix, vous allez d'île en île. Vous arrivez le matin, il suffit de jeter l'ancre et l'île est à vous. Le vol des mouettes, la plage et la forêt sont pour vous seul. La nature vous enveloppe ; vous vivez en osmose avec elle.

Lorsque les beaux jours arrivaient, nous embarquions sur un vieux bateau bricolé par mon père. Pendant trois semaines, nous naviguions le long des côtes, pour des balades sans horaires, toujours le nez dehors. Nous faisions des pique-niques sur la plage. Nous passions la nuit dans la cabine unique avec mon père, ma mère et mes deux petites sœurs. Je crois que mon image du bonheur s'est fixée là. Au petit matin, le ciel était blanc d'oiseaux.

Mon enfance m'a légué une confiance absolue dans la vie. J'ai été aimée, entourée par des parents qui s'aimaient. J'en ai tiré une incapacité à être malheureuse et une énergie vitale qui surprend parfois les autres. Même dans les moments de découragement ou de chagrin, je trouve toujours un rien auquel me raccrocher. J'ai beau lire et avoir fait de longues études, je ne suis pas une intellectuelle ; mon esprit est assez commun. Je suis façonnée par la vie pratique, le besoin de l'action physique, le plaisir d'être immergée dans l'eau, d'agir de mes mains, d'être pleinement vivante ici et maintenant ; j'aime jardiner : tout ce que vous faites est utile et léger, vous vous retrouvez en dehors du tourbillon des pensées, présente à vous-même... Ce caractère vient de mon enfance.

Une autre trajectoire

Mes parents n'avaient pas d'ambition sociale pour moi. À l'école primaire j'essayais de bien faire, même si les histoires édifiantes de l'idéologie protestante me hérissaient. Je les trouvais austères et injustes. Il y avait neuf heures de religion par semaine : davantage que pour les mathématiques. Ce n'était pas de la haute théologie, mais une accumulation de récits culpabilisants. J'ai mis longtemps à me défaire de cette austérité pour m'approcher de mes sentiments vrais.

Mes études se sont déroulées sans embûches. En dehors des cours, je gagnais ma vie en travaillant le soir et le week-end. Je faisais les petits boulots de mon âge : serveuse dans un café et vendeuse de chocolat dans les cinémas. Cela me paraissait naturel. J'étais pourtant une rescapée de mon milieu social : parmi toutes les élèves que j'avais connues à l'école primaire, une seule a passé son bac.

Je ne me projetais pas dans l'avenir. Je me souviens d'un déjeuner juste après mon bac. Nous fêtions notre examen. J'étais assise à côté de mon professeur de norvégien. Il m'a demandé ce que j'allais faire. Je ne m'étais même pas posé la question. Il n'y avait eu personne autour de moi pour rêver à ma place. Si quelqu'un m'avait demandé d'imaginer mon avenir lointain, j'aurais sans doute répondu que j'allais me marier, travailler dans un bureau, vivre dans la banlieue d'Oslo, passer mes vacances dans les îles... Je n'avais pas d'autres modèles auxquels me raccrocher.

Mon professeur était surpris de mon hésitation. Il pensait que je devais poursuivre mes études. Le soir même, j'ai parlé à mes parents. Ils étaient déjà heureux que je sois arrivée jusqu'au bac et ne me voyaient pas aller plus loin. Alors j'ai choisi une petite école de commerce, avec l'idée de travailler dans la foulée. Mais j'ai étouffé au bout de quinze jours de cours. Tout en travaillant par ailleurs pour gagner ma vie, je me suis inscrite à l'université. J'étudiais la philosophie, le latin et les langues. Je me voyais bien professeur de français. Je trouvais cette langue exotique, belle et difficile : une langue qui savait exprimer le futur antérieur est une mécanique de précision, une clé pour le monde des idées.

Dans notre cursus, un séjour de six mois en France pour perfectionner notre accent était obligatoire. Je connaissais des Norvégiennes qui partaient comme jeunes filles au pair. J'ai décidé de les accompagner. Et c'est ainsi que je suis arrivée à Paris en février soixante-quatre.

Nous avons trouvé refuge dans un foyer de jeunes filles protestantes. La responsable nous a chaperonnées, en nous donnant un petit cours d'initiation à l'art de se promener dans la rue et de ne pas engager la conversation. Nous n'étions pourtant pas des oies blanches. Pour ma part, j'avais déjà travaillé et voyagé seule à l'étranger. Il nous fallait simplement apprendre à être moins avenantes qu'à Oslo, où les hommes et les femmes se sourient naturellement dans la rue sans que cela prête à conséquence.

Le lendemain, elle était souriante

En France, mon univers s'est élargi aussitôt, d'une manière presque magique. L'attirance que les hommes et les femmes du Nord éprouvent pour les pays du Sud est proche de la fascination. La Méditerranée apporte une couleur unique à tous ceux qui ont vécu dans un monde ordonné et cloisonné, où les émotions sont contenues. C'est un univers plus sensuel. Les valeurs de l'amour et du plaisir sont cultivées avec délicatesse. Les sentiments intimes s'éclairent autrement. Cette sophistication des rapports humains est unique, et les pays latins en portent encore la marque.

Je fus merveilleusement accueillie par les Parisiens que je rencontrais, malgré l'intolérance dont font preuve les Français pour les fautes commises dans leur langue. Si vous prononcez quelques mots d'allemand, les Allemands sont enchantés. Un Anglais s'extasie devant votre merveilleux accent guttural. À Paris, on soulève un sourcil offusqué. Les Français sont tous des gardiens du Temple. Ils vous reprennent sans cesse. Cela me paraissait insurmontable au début. J'ai piétiné devant le mystère de l'emploi du *y*, comme dans *j'y vais...* Je me disais que je n'arriverais jamais à construire des phrases grammaticalement correctes.

Pour le reste, la France est un pays particulièrement ouvert, qui accepte l'ambivalence des conduites humaines. On y pratique l'art de la conversation. J'ai aimé tout de suite cette façon de dire le pire dans un mot d'esprit et le meilleur avec légèreté et élégance. Je me rappelle avoir vu avec étonnement *Le souffle au cœur*, le film de Louis Malle, qui évoque l'inceste entre une mère et son fils : le lendemain matin, la mère est souriante. Dans un film d'Ingmar Bergman, après une scène d'amour semblable, la famille entière se serait suicidée ! Dans les pays nordiques, chaque acte pèse de tout son poids dans la conscience ; les émotions sont tout de suite dramatiques. Longtemps notre langue n'a pas comporté d'argot. La violence ne s'exprimait pas.

Il en est des pays comme des êtres : on peut adopter une terre qui n'est pas la sienne, comme des parents adoptifs aiment un enfant qui n'est pas du même sang. Au bout de quelques mois, je me suis rendu compte que j'étais tombée amoureuse d'un pays où je n'étais pas née.

Un aperçu

Mon premier contact avec une famille parisienne a été très déroutant. J'étais hébergée rue de la Pompe, dans les beaux quartiers de Paris, parquet de Versailles et meubles anciens, réceptions et cérémonial. Les frontières étaient marquées : je n'ai jamais été invitée à la table familiale. Le pain frais était pour eux, quand le pain de la veille m'était attribué. Pour une jeune Norvégienne, c'était un comportement de mandarins chinois.

La mère de famille était d'une grande élégance, parfumée, sophistiquée. Je promenais les deux enfants au bois de Boulogne ; je courais avec eux, je jouais au ballon. Un jour, je me suis fait reprendre parce qu'un bouton de velours était tombé de l'un de leurs beaux manteaux et qu'il restait des traces de boue sur l'étoffé. J'étais fascinée que l'on puisse imaginer un enfant de dix-sept mois se promenant sans jouer et sans se salir... Je commençais à découvrir ces tout petits riens qui font une culture : des attitudes, des réflexes inconscients qui se transmettent sans jamais être énoncés.

Au bout de quelques mois, je suis partie chez un égyptologue. Il enseignait à l'université une année sur deux, en alternance avec un assyriologue. Cet homme délicieux me prenait à partie. Il était effondré devant l'ignorance de ses élèves : « Figurez-vous ! Ils ne connaissent même pas la reine Hatchepsout ! » Je prenais un air consterné, en hochant la tête, sans oser lui dire que je n'en savais rien du tout moi non plus.

L'infini des possibles

Avant qu'il ne découvre mon inculture en matière de pharaons et de reines d'Égypte, je l'ai quitté pour rejoindre une famille étonnante, qui habitait un hôtel particulier, le long du jardin du Luxembourg. Cette famille possédait tout ce qui, en France, s'accorde avec un tel immeuble : le sens de la beauté chevillé au corps, l'intolérance pour la moindre faute de goût, un vernis culturel de grands bourgeois qui frappait l'étranger... Ils m'ont ouvert leur vie.

C'est là que j'ai appris comment des êtres humains se comportent lorsqu'ils ont la conscience d'être ce que la terre a porté de mieux. Depuis deux siècles, cette famille servait la France : elle lui avait donné des savants, des médecins, des industriels et des académiciens. Elle avait le sentiment de vivre dans la plus belle rue du plus beau quartier de la plus belle ville du monde. Elle évoluait entourée d'objets exquis, soumettant, presque sans effort, tout ce qu'elle touchait à la dictature du goût : ses amis, ses distractions, ses études, ses habits... C'était une école du regard. J'ouvrais des yeux écarquillés ; parfois c'était un véritable enchantement de les voir vivre.

D'une jeune fille au pair à l'autre, nos ramifications finirent par couvrir Paris. Nous nous retrouvions le soir, dans nos chambres de bonne, avec d'autres étrangers venus en France pour étudier. L'argent ne coulait pas à flot, mais cela n'avait aucune importance ; nous faisions la fête avec des graines d'avoine et du lait. Nous courions à la cinémathèque. Je me souviens de journées entières passées à dévorer film sur film.

Je sortais d'un système rigide pour découvrir l'infini des possibles. Tout ce qui pouvait paraître déraisonnable à Oslo devenait ouvert. J'avais trouvé les modèles qui me manquaient, et des rêves d'avenir.

L'innamoramento

La famille Joly, en m'ouvrant ses portes avait peut-être joué avec le feu : accueillir une jeune fille au pair de vingt ans quand on a un fils de vingt et un ans... Ce qui pouvait arriver arriva. Ce fut *l'innamoramento*, comme disent les Italiens, un éblouissement mutuel, une fusion.

Lorsqu'il a été question de mariage entre nous, mes futurs beaux-parents ont coupé les vivres de leur fils, qui était alors étudiant en médecine. L'histoire est vieille comme le monde : chaque obstacle décuple le sentiment amoureux. Dans un petit studio baigné de soleil, sous les toits de Paris, nous vivions ensemble au son des cloches de l'église Saint-Sulpice. L'hostilité larvée des parents de mon mari à mon égard a duré des années. Avec le temps, pourtant, nous nous sommes rapprochés, et, à la fin de sa vie, ma belle-mère est venue mourir dans notre maison.

J'aurais aimé à l'époque suivre mon mari dans ses études de médecine. Dans mes rêves de jeune femme, je nous imaginais comme Pierre et Marie Curie. Mais il fallait subsister. Je suis devenue secrétaire dans une maison de disques et j'ai commencé des études de droit, en cours du soir. Mon travail n'avait aucun intérêt. Alors je me suis rattrapée sur mes études : nous avons beaucoup travaillé tous les deux la nuit, amoureux, avec une furieuse envie de bâtir notre vie de nos propres mains.

L'étrangère

Changer de pays, ce n'est pas seulement troquer une langue contre une autre : il faut aussi se couler dans une forme de pensée qui vous est étrangère.

L'année dernière, j'ai dû me rendre en Afrique du Sud dans le cadre du dossier Elf. Par mesure de sécurité, nous étions enfermées, avec Laurence Vichnievsky, dans l'ambassade de France. Pour nous distraire, un conseiller s'est proposé de nous conduire à une conférence de paléontologie. En écoutant ce savant de Johannesburg, j'ai brutalement retrouvé l'esprit de mes professeurs en Norvège : une pensée concrète, qui se déroulait d'une idée à l'autre, sans plan. Il n'y avait pas de progression logique, ni de chute, mais un humour continu, le sens du détail qui frappe, une pensée en mouvement : en somme l'inverse de la tradition française.

La France a un goût marqué pour la pensée

ordonnée comme un jardin. Les études sont conçues pour développer l'esprit de synthèse, les plans en deux parties et les approches intellectuelles sans détours et sans saut brutal d'une idée à la suivante. Personne n'allait changer les règles pour moi. J'ai dû m'adapter. Maîtriser deux cultures est une chance unique : c'est pourquoi l'effort de conversion d'un système à l'autre ne m'a pas pesé.

En tant qu'étrangère, j'avais l'avantage de découvrir en même temps le mot et le sens de ce que j'apprenais. Je devais chercher la définition dans le dictionnaire. Par tempérament et par nécessité, j'étais disciplinée : cela m'a apporté une grande prudence d'expression en matière juridique et sans doute une rigueur accrue. Un pays est fait de sédimentations successives : on peut lire son histoire dans ses lois. Le Droit m'a permis de m'intégrer plus facilement que si j'avais choisi d'étudier la biologie moléculaire ou les mathématiques appliquées. J'ai appréhendé la société française de l'intérieur.

J'étais portée par mon désir de devenir française. J'avais la foi des convertis. Je me suis même inscrite dans un institut de phonétique parce que je voulais éliminer mon accent. La tâche était impossible : la mémoire musculaire de l'enfance ne s'efface pas. J'ai dû me rendre à l'évidence : mes *u* ne seront jamais assez pointus; mon oreille n'entendra pas certaines subtilités.

Dans ma quête d'intégration, la famille de mon mari a été précieuse. Comme j'étais norvégienne, j'ai eu droit à un petit cours d'étiquette accéléré. À son contact, j'ai appris des codes qu'il m'aurait fallu des années pour acquérir si je m'étais mariée avec quelqu'un d'autre. J'ai abandonné certaines couleurs que je portais. Je me suis mise à dire bonjour autrement et à me taire quand il le fallait. J'étais étonnée par le contraste entre la simplicité des règles du savoir-vivre (il suffit de connaître dix ou quinze comportements fondamentaux pour être reçu sans impair n'importe où) et leur caractère rédhibitoire, comme si chacun d'entre nous devait revêtir un uniforme social. Ceux qui n'ont pas accès aux codes sont immédiatement rejetés. J'ai pris cette initiation comme un jeu de rôles, une étape à franchir.

Bâtir une vie à soi

Ces années d'apprentissage sont passées comme un souffle. J'ai donné naissance à mes enfants entre mon travail et mes études : je me souviens d'avoir passé la dernière épreuve de ma licence un lundi, accouché le lendemain dans la nuit et passé les oraux quinze jours plus tard, en ayant révisé à la clinique. C'était une programmation parfaite. J'en ai gardé une notion particulière du temps. Quand on doit jongler entre les urgences, il faut épuiser chaque minute. Un quart d'heure devient capital. Je me suis aperçue qu'il valait mieux agir, même de manière imparfaite, plutôt que de ne rien faire, car ensuite la course des occupations vous emporte ailleurs. Une lettre qui partait avec quelques fautes de français avait l'avantage d'avoir été envoyée : je pouvais passer à autre chose.

J'ai abandonné à cette époque l'ambition d'être tout à la fois une mère parfaite, une épouse irréprochable, une étudiante brillante et une employée modèle : je me contentai de mener de front mes quatre vies. Toutes les femmes actives connaissent ce sentiment d'imperfection. J'éprouvais également une certaine excitation à passer d'une existence à l'autre.

J'étais centrée sur ma famille, nos études, l'envie de nous en sortir à deux. Je garde de cette période un souvenir particulièrement gai : tous les paramètres fondamentaux de ma vie étaient en harmonie. Il fallait se battre car nous n'avions pas beaucoup de moyens, mais ce combat avait un sens.

Pourtant, mon travail de secrétaire ne présentait qu'un intérêt alimentaire. C'est à cette époque que je me suis fait appeler Eva Joly, mon « nom de guerre », sur les conseils de ma bellemère. J'appartenais au service du personnel. Les conditions de licenciement n'étaient pas dignes. Cela me choquait. J'ai décidé de former une section syndicale CFDT avec une autre jeune femme de mon service. J'avais été marquée par la social-démocratie. Je pensais qu'il fallait une organisation collective, que nous devions faire valoir nos intérêts et participer à la politique de l'entreprise. Mais je n'ai pas supporté la pression psychologique. Mon chef de service était furieux : il répétait souvent qu'il avait « *nourri un serpent dans son sein* ». Entre les vingt-deux mètres carrés de notre studio, au sixième étage sans ascenseur, nos études, notre premier enfant, la vie matérielle à organiser, j'ai lâché prise et j'ai abandonné mes activités syndicales.

En 1973, son diplôme de médecin en poche, mon mari a ouvert un cabinet dans le sud de l'Essonne. Nous avons trouvé une vraie maison, avec un jardin magnifique. J'ai eu immédiatement le coup de foudre pour cette vieille bâtisse entourée d'arbustes et de fleurs. Chaque terrasse était dédiée à un moment de la journée : ainsi nous pouvions suivre le soleil dans sa course, avec volupté. Cet endroit a été la passion de ma vie. Il a dévoré mon temps, mon énergie, ma quête de beauté. Il m'a vidée et construite en même temps.

La réalité plutôt que les idées

Avec cette nouvelle étape, je gagnais un peu de liberté personnelle. Le chômage était encore rare : j'ai rapidement trouvé un travail qui correspondait à mes études. Je suis devenue conseillère juridique dans un hôpital psychiatrique de la région. Ce domaine de 1 500 places avait été construit dix ans auparavant. Il n'accueillait plus que 400 patients. C'était l'époque de l'antipsychiatrie : une nouvelle approche des malades préférait, à la place des grands asiles du passé, l'installation de petites unités hors les murs. Des étages vides jouxtaient des pavillons en pleine effervescence.

J'ai fait mon éducation politique, au sens fort, dans cet hôpital : confrontée à la réalité plutôt qu'aux idées, j'ai dû refondre entièrement ma représentation du monde. J'en ai gardé un grand respect pour le monde psychiatrique, dont la richesse est mal connue du dehors.

La décision d'interner un être humain ne se prend pas à la légère. La folie met tout le monde à nu. Je me souviens encore de ces *réunions de parole* — comme on disait à cette époque — qui réunissaient les médecins, les infirmiers et le personnel non médical. Aujourd'hui, c'est une pratique courante dans beaucoup d'institutions et dans certaines entreprises. En 1973, c'était une révolution. La présence des non-professionnels était précieuse. Les infirmiers, dans chaque pavillon, racontaient leurs difficultés, leurs émotions. La parole des malades était écoutée. Et la thérapie institutionnelle portait ses fruits : certains pavillons étaient transfigurés par ce travail interne. Ce lieu d'enfermement devenait un lieu de liberté.

Du bon côté de la vie

Une institution porte en elle le pire et le meilleur. Le pire, c'est la fuite des responsabilités, le repli sur soi, les services qui s'arrêtent le vendredi à deux heures de l'après-midi, la sédimentation des règlements, l'inertie, le poids des habitudes, le tricot derrière le bureau et le catalogue de La Redoute dans le tiroir. Contrairement à la médecine classique, il n'y a pas de mesure de l'activité. On ne soigne pas de jambes cassées. Comment mesurer la diminution de l'angoisse d'un patient ?

Malgré ces pesanteurs, j'ai vu des psychiatres arriver à tirer des prouesses d'un attelage de bric et de broc, qu'ils n'avaient pas choisi. Ces chefs de service brûlaient leurs équipes à la chaleur de leur vie. Au bout de trente ans de pratique, leur énergie était intacte...

Quiconque a traversé les salles d'un hôpital psychiatrique peut témoigner de la détresse qu'il soulage. Je me souviens des alcooliques profonds. La dépendance les avait rendus insensibles : ils se brûlaient les doigts en fumant. Les couloirs sentaient la chair brûlée. Nous croisions des femmes défigurées par l'angoisse, aux gestes répétitifs. Cette cour des miracles était traitée avec amour. Il y avait des ateliers de peinture. Les bibliothèques étaient belles. Contrairement au tropisme des institutions, l'hôpital ne cherchait pas à s'agrandir mais à se vider, en organisant pour les patients des paliers d'autonomie afin qu'ils puissent vivre dehors. On sentait une fraternité entre les malades : ils étaient considérés comme des êtres humains à part entière. Pour certains, c'était sans doute la première fois.

Ces équipes étaient du bon côté de la vie. Elles savaient être légères tout en gardant les pieds bien plantés dans une réalité humaine douloureuse. Au contact de la maladie mentale, elles s'étaient détachées de la comédie sociale. Aujourd'hui, je vois souvent des êtres préoccupés d'abord par leur image. Leur ego se dilate au détriment de leur entourage. Ils ne laissent pas de place autour d'eux. Les médecins de l'hôpital étaient aux antipodes de ce comportement. Ils m'ont montré qu'il n'y a pas de dialogue possible si l'on ne reconnaît pas d'abord son interlocuteur. Ils m'ont appris que la vie n'a pas de sens si l'on n'ouvre pas chaque jour de nouvelles portes en soi. Je leur dois beaucoup.

Rester sur le qui-vive

Avant de rejoindre l'hôpital psychiatrique, j'avais été préservée du malheur. Ma vie avait été somme toute assez simple. J'étais habituée à un certain ordre des choses. Mon métier me plongeait soudain dans un univers à plusieurs fonds, où les mots ont un autre sens que ce qu'ils disent en apparence.

Je me souviens de l'une de mes toutes premières consultations. Un malade était venu me voir parce qu'il avait commandé huit cents kilos de margarine et une camionnette de produits divers en falsifiant un chèque. Il ne pouvait rien payer. Je devais annuler la commande. Je suis allée voir le psychiatre qui le suivait. Il m'a répondu tranquillement de laisser faire : « Mais non, Madame Joly, c'est bien ! Il s'agit d'un homosexuel passif. Son père était gendarme. Il a envie de se faire pénétrer par son père. Aller en prison, c'est une manière d'assouvir son fantasme. » J'avais vingt-neuf ans et j'étais ahurie. Il m'a fallu du temps avant de comprendre qu'il avait peut-être raison, même si le raccourci était trop rapide.

Comme conseiller juridique, mon rôle était de rester garante de la rationalité de la société et de traiter les problèmes juridiques des malades comme s'il s'agissait de ceux de personnes ordinaires. Je me rappelle un malade qui allait percevoir une somme importante. Il était hébergé dans un petit village et voulait faire une donation à sa famille d'accueil, avec la bénédiction du psychiatre — toujours au nom de la liberté des malades. En allant voir cette famille, j'ai compris qu'elle voulait émigrer au Canada avec l'argent. J'ai déconseillé ce don. On ne m'a pas suivie et l'argent a été débloqué ; la famille n'a plus donné de nouvelles. J'ai croisé ensuite pendant des années cet homme trop doux, qui n'avait même plus de quoi prendre une boisson à la cafétéria.

Il fallait donc rester attentif à tous les abus et rester sur le qui-vive. Sur le plan juridique, c'était une expérience passionnante. Il fallait s'adapter à toutes les situations. Les malades cumulaient les handicaps sociaux. Ils arrivaient à l'hôpital après une longue dérive. Leur statut juridique était en miettes : dettes, spoliations, condamnations par défaut... La folie était souvent une réponse à des problèmes insurmontables, une forme de refuge pour des êtres démunis, des perdants de la vie sociale. Il fallait retisser la toile à l'endroit, point par point. Je devais résoudre des histoires familiales abracadabrantes, des femmes qui voulaient que leur enfant soit reconnu par trois pères à la fois, des situations exacerbées.

J'étais confrontée à une souffrance et à des questions insolubles. J'ai découvert également combien certaines familles pouvaient être nocives. L'hôpital accueillait certaines personnes âgées séniles ayant réussi à mettre un peu d'argent de côté. Il faut avoir vu certains de leurs enfants débarquer le 31 décembre en demandant à bénéficier d'une donation pour avoir une idée de la bassesse de leurs comportements. Mais lorsqu'il s'agissait d'un partage de biens avec un handicapé, de tutelle pour un incapable majeur, j'ai également connu des attitudes dignes et généreuses.

Nouvelle bifurcation

Au bout de quelques années, j'ai eu l'impression d'avoir fait le tour de mon travail à l'hôpital. En 1981, le ministère de la Justice a organisé un concours exceptionnel d'accès à la magistrature. Les concours administratifs normaux m'étaient a priori fermés. J'avais de bonnes connaissances juridiques, mais une culture générale française insuffisante. Là, il n'y avait pas d'épreuves de culture générale et cela me convenait.

J'avais trente-huit ans. Comme toutes les femmes, j'essayais de jongler entre ma vie personnelle, ma famille et mes enfants, mon travail : c'était éprouvant. Il me restait peu de temps pour goûter à la vie et encore moins pour réfléchir à moi-même. J'avais beaucoup d'admiration pour la vie intellectuelle, mais j'avais plus appris au contact d'autrui que dans les livres. J'avais su m'écarter du courant et choisir mon destin, mais je n'étais pas vraiment intégrée : je me sentais toujours étrangère et perpétuellement consciente de ce que je ne savais pas. J'étais passée d'un pays à l'autre, d'un milieu simple aux beaux quartiers de Paris, j'avais vu de près la souffrance, en travaillant en hôpital psychiatrique ou comme femme de médecin. J'étais déjà assez peu impressionnable. Je restais pourtant incapable de me projeter dans l'avenir. Et comme lors de l'éte où j'avais passé mon bac, je me laissais porter par les événements.

En 1997, un sondage indiquait que 75 % des français ignoraient le rôle d'un procureur. Qui pourrait le leur reprocher ? De l'extérieur, les magistrats ressemblent à une armée mexicaine : nous portons des titres divers et variés et nous utilisons un vocabulaire hérité d'une longue histoire. Au lieu d'alourdir ce récit avec de longues digressions techniques, j'ai préféré repousser à la fin du livre une présentation juridique et un glossaire. Ceux qui veulent connaître les grandes lignes de l'organisation judiciaire peuvent se référer aux annexes avant de poursuivre la lecture. Elles essaient de rendre, le plus simplement possible, l'architecture du système français.

La Justice comme à Orléans

Le concours que j'avais présenté permettait à des professionnels du droit de rejoindre la magistrature, après dix ou quinze ans d'expérience, sans passer par le cursus habituel. Nous avions tous une solide culture juridique. La formation était donc accélérée : à peine quelques semaines de cours à l'École de la magistrature et un stage pratique de deux mois, ce qui peut sembler très peu par rapport aux responsabilités à affronter. Je garde un bon souvenir des huit semaines de stage que j'ai passées à Sens, dans l'Yonne. J'ai rencontré dans ce petit tribunal un procureur d'une qualité rare, qui m'a confortée dans mon choix.

Dans la carrière d'un magistrat, le premier poste est une affaire de hasard. Parmi la liste des affectations disponibles, j'ai choisi un poste de substitut du procureur au parquet d'Orléans parce que la ville était à une heure en voiture de notre maison. Si cela avait été un poste de juge d'instruction, je l'aurais pris également : débuter au Parquet a ainsi été une opportunité plus qu'une volonté délibérée, même si je ne l'ai pas regretté ensuite.

Le goût du protocole

Le tribunal d'Orléans était une institution type de la justice française, qui s'occupait d'abord de la criminalité ordinaire. Grâce à lui, j'entrais dans la Province, au cœur de la vieille France des notables, fière de ses belles demeures, de ses porcelaines et de ses services de luxe. À l'enterrement d'un avocat, la cathédrale Jeanne-d'Arc était pleine. Le corps était porté par les membres du barreau en robe. Les autorités de la ville et du département se pressaient à l'ombre des drapeaux.

Les magistrats et les avocats étaient respectés par la bonne société de la ville. Chacun était conscient de son rang. Le contraste était frappant avec l'atmosphère libre, informelle et indifférente au statut social que j'avais connue à l'hôpital psychiatrique. Mes débuts dans la carrière ont ainsi commencé par un impair. Avant d'intégrer le tribunal, chaque nouveau magistrat doit faire une visite protocolaire à ses supérieurs hiérarchiques. Pour mon rendez-vous avec le procureur, j'avais fait attention à ma tenue et à ma coiffure. Même si c'était un peu puéril, je voulais faire bonne impression. Je suis entrée dans son bureau, enjouée :

— Bonjour, Monsieur !

Le procureur m'a toisée de haut en bas avec un rictus de mépris. Je l'ai entendu me répondre, glacial :

— Je vous en prie, Madame, pour le temps, que j'espère court, que nous allons passer ensemble, je vous demande de m'appeler Monsieur le Procureur. Nous n'avons pas gardé les cochons ensemble !

J'ignorais, parce que je n'avais pas lu le manuel du parfait substitut, que l'usage dans la magistrature était de s'adresser à son supérieur en employant son titre. J'étais étonnée de l'importance accordée aux conventions. Grâce à quelques collègues bienveillants, j'ai appris rapidement l'art de saluer les magistrats en leur présentant mes devoirs et en exécutant une petite courbette. En tant qu'étrangère, j'avais droit à beaucoup d'indulgence. Ils m'ont appris les codes de mon nouveau milieu : cette ceinture « cow-boy », un peu colorée, que j'aimais mettre, n'avait pas le label magistrat, déjeuner ou dîner ensemble était une familiarité qu'il fallait conquérir... Pour avoir déjà voyagé d'un monde à l'autre, je savais que, dans tous les univers, il existe à peu près la même dose de contraintes et de liberté. Le tout était pour moi de connaître les frontières et de les respecter.

Car, en dehors de son protocole suranné, le tribunal d'Orléans était aussi provincial au sens noble du terme. Cette bourgeoisie n'avait pas l'assurance innée de la famille de mon mari. Elle vivait dans la terreur du regard des autres. Chaque geste était tourné vers autrui, avec une vraie culture de la politesse. J'appréciais leurs menues attentions qui rendaient la vie plus douce. Entre nous, les relations étaient chaudes et confortables, pleines de délicatesse.

Le cocon des habitudes

C'est à Orléans que j'ai découvert la Justice au quotidien. Le tribunal devait absorber une masse de travail qui augmentait de dix pour cent par an alors que le nombre des substituts n'avait pas bougé depuis le début des années soixante. Les retards s'accumulaient. Des goulets d'étranglement se formaient. À la moindre absence ou mutation, notre semblant d'organisation était au bord de la rupture. Mes collègues m'avaient accueillie à bras ouverts. Mais ils m'apportaient, en plus de leur amitié, des piles de dossiers en attente !

J'étais étonnée par la mauvaise organisation du tribunal. J'avais l'impression d'être le Persan de Montesquieu. Mes collègues, qui étaient passés pour la plupart de la faculté au tribunal, avec un détour par l'École de la magistrature, avaient toujours vu les choses ainsi. Moi, j'avais connu l'entreprise, ses exigences de rendement et une autre perception du temps.

Je me rendais compte que le rôle du président était clé : il était le seul à pouvoir changer les choses. Malheureusement, dans l'univers empesé de la Justice, un président de tribunal est rarement nommé pour ses qualités de chef. C'est une sorte de cooptation où l'on cherche d'abord le plus petit dénominateur commun, celui ou celle qui ne fera pas de vagues. Il n'existe pas de procédure permettant de détecter les personnes à fort potentiel[1]. La Justice se vit comme un monde à part, qui n'a pas besoin de s'abaisser à prendre exemple autour d'elle, alors que la moindre entreprise privée sait que le management est vital dans la réussite d'un

1. Franck Bournois et Sophie Roussillon, *Préparer les dirigeants de demain*, Éditions de l'Organisation, Paris, 1998.

projet commun. La compétence juridique est d'un faible secours aux heureux élus quand il s'agit de suivre le travail, la carrière et la vie quotidienne de dizaines de personnes qui travaillent sous leur impulsion : magistrats, greffiers, secrétaires, appariteurs, etc. Le sort d'un tribunal se joue donc à la roulette : parfois l'homme ou la femme se révèle dans sa fonction et c'est un bonheur ; le reste du temps, le président est dépassé par une tâche qui n'est pas de son registre. Il se réfugie dans le cocon des habitudes.

À Orléans, la cour n'avait pas eu de chance. Le principal souci de notre premier président était de garer les voitures sur le parking. Il écrivait de merveilleuses circulaires sur l'ignominie des véhicules qui perdaient de l'huile sur la chaussée. Ce fut en deux ans sa seule préoccupation notable. Tout fonctionnait selon le principe de la répétition du connu : chacun se débattait dans son coin et se noyait dans le quotidien.

Je me suis jetée à l'eau

C'est ainsi qu'au bout de trois semaines j'ai dû prendre ma première permanence au parquet. La Justice est un service public, qui fonctionne vingt-quatre heures sur vingt-quatre, comme un hôpital, car il peut arriver que les violeurs attaquent les femmes après six heures du soir et que les meurtriers tuent aussi le dimanche.

Le parquet organise donc un roulement, afin qu'il y ait toujours un magistrat disponible pour diriger l'action publique. Le parquet est responsable des enquêtes pendant le temps du « flagrant délit[1] ». Un substitut de permanence reçoit des coups de téléphone incessants de la part des commissariats et des brigades de gendarmerie. Le premier travail est de trier les appels. Neuf fois sur dix, votre interlocuteur n'est pas la bonne personne pour aller plus loin. Lorsque des promeneurs trouvent le corps d'un enfant mutilé, allongé dans un étang, l'enquête ne peut pas être menée uniquement par le commissariat local. Le parquet désigne alors un service de police ou de gendarmerie spécialisé, qu'il convoque sur place en même temps que l'identité judiciaire pour relever les traces, et, le cas échéant, un médecin légiste. Il doit trancher rapidement et sûrement. La qualité des premières constatations est fondamentale : une erreur de détail peut en entraîner une autre plus importante et conduire l'affaire au désastre.

1. La flagrance a été définie jusqu'à huit jours après la commission de l'infraction, dans la loi du 27 juillet 1999.

La permanence du parquet ressemble à un comptoir des malheurs, de l'incendie volontaire à l'accident du travail en passant par les carambolages sur l'autoroute. En province, le parquet se déplace souvent sur les lieux et les questions à trancher sont innombrables. Le chauffeur de ce camion, responsable d'un accident mortel, doit-il être mis en garde à vue ? Ce nourrisson mort de déshydratation à la maternité a-t-il été victime d'une faute médicale ? Que faut-il faire du corps de ce bébé trouvé dans une décharge ? Doit-on faire appliquer le droit de garde alors que cette enfant de douze ans ne veut pas rejoindre son père et se plaint de mauvais traitements ? La scierie où travaillait l'ouvrier dont le corps repose au bas de l'échelle a-t-elle respecté les règles de sécurité ? Il faut s'informer et décider très vite.

Je me souviens de ma première permanence avec angoisse. Compte tenu de mon manque d'expérience — huit semaines de stage seulement ! — je ne me sentais pas à la hauteur. C'était une situation risquée. Je pouvais prendre des décisions irrattrapables. Le téléphone sonnait sans arrêt et il fallait trancher sur les gardes à vue, la procédure, la suite à donner aux plaintes, etc. Mon absence de pratique était un vrai handicap. Je me suis jetée à l'eau, en m'appuyant sur mon intuition : j'ai écouté les autres. Une petite voix intérieure me disait : « Ce que tu ne sais pas, tes interlocuteurs le savent. Sois prudente avant de prendre une décision, écoute-les... » Cette manière de procéder surprenait les policiers et les gendarmes, qui s'attendaient à recevoir des ordres sans appel. Ils me répondaient de manière directe et claire, en habitués des situations. J'ai eu de la chance de tomber sur des gens de qualité. Cette première permanence s'est déroulée sans heurts. Il n'en reste pas moins que notre formation était trop légère.

Il n'y a pas de fond au malheur

En dehors des permanences, j'ai été affectée au service des mineurs. Confier la protection des mineurs aux magistrats est une particularité française. Dans les autres pays, les services sociaux s'en occupent. En France, depuis l'ordonnance de 1945, les magistrats pour enfants ont une double casquette : l'État leur demande à la fois de juger la délinquance des mineurs et de s'occuper des enfants en danger, sur le plan familial et éducatif, que l'on doit faire suivre par des éducateurs et parfois retirer à leur famille pour les confier à des institutions.

Mon petit dernier avait à peine cinq ans. Je partageais ce travail avec Eugénie, une collègue de mon âge, qui était également une jeune mère. Je me souviens d'un matin où nous sommes allées inspecter un centre d'accueil pour les enfants de la DDASS. Comme souvent, le bâtiment était superbe : un château aux gouttières en fonte qui dessinaient des grappes de raisin. Lorsque nous sommes descendues de voiture, une troupe d'enfants de huit ou neuf ans a entouré le véhicule en criant : « Des mamans ! Des mamans ! Des mamans ! » J'entends encore les cris qui se propageaient dans toute l'institution... Nous étions bouleversées. Nous venions contrôler l'hygiène, la sécurité, mais ces enfants attendaient d'abord des mamans. Toute l'ambivalence de la Justice était résumée dans cette scène. On lui demande toujours autre chose que ce qu'elle peut donner.

Ce jour-là, Eugénie et moi aurions pu tout arrêter pour devenir mères d'accueil et prendre quelques-uns de ces enfants avec nous, pour que leur vie soit plus douce. Pendant très longtemps le rêve m'a taraudée : au lieu de naviguer dans tout ce malheur, pourquoi ne pas être utile au moins à quelques-uns ? Plus tard, un ami psychiatre m'a délivrée de cette tentation souterraine. Le danger de notre métier est justement de satisfaire son besoin d'affectivité dans le travail. S'occuper des enfants en danger permet de construire une bonne image de soi : on reçoit un amour gratifiant. Or les blessures de ces enfants ne peuvent cicatriser que par un travail intérieur. On ne peut pas les guérir en les mettant au chaud dans son panier, comme des petits chats. Ce rêve inconscient était sans doute une manière d'apaiser notre propre inquiétude. La grandeur d'une société est d'offrir des structures de qualité pour prendre en charge ces enfants sur le chemin d'eux-mêmes.

Le quotidien d'un parquet consacré aux enfants est fait de maltraitance, d'attouchements, de coups et blessures, de conflits sur le droit de garde... Je l'ai vécu comme une leçon de vie : il me montrait la face cachée des êtres humains, l'envers du monde. J'ai pu jauger la profondeur de ces blessures du désamour dont on ne guérit pas. On peut hériter du malheur et le boire avec le lait de sa mère.

Ma représentation du monde évoluait. Quand on a connu des bébés ébouillantés ou violés, l'esprit intègre aussitôt de nouveaux degrés dans l'horreur. Chacun apprend à vivre avec le spectacle du mal que les hommes peuvent infliger aux hommes. On met les mains dans la boue. Grâce aux magistrats spécialisés et aux éducateurs, j'ai appris à doser mes interventions et à trancher des situations grises, où il n'y a plus devant soi qu'un choix entre le mal et le pire. Il arrive qu'un enfant battu préfère malgré tout rester dans sa famille : une séparation brutale peut entraîner des conséquences encore plus dramatiques. Dans ce contexte difficile, j'étais frappée par l'engagement des juges pour enfants. Ils pouvaient remuer ciel et terre pour un seul enfant.

Je me sentais souvent en colère. Nous n'avions pas le temps d'assumer notre rôle. Quand on ne l'a pas vécue de l'intérieur, il est difficile de se représenter l'ampleur de la tâche. Les dossiers s'accumulaient. Les procédures se chevauchaient. Nous étions surchargées de travail juridique. Pour avancer, nous étions obligées de survoler certaines affaires, de trancher rapidement, alors que le travail éducatif est lent. Les violences familiales sont souvent cachées. Il faut attendre, essayer un placement, prendre le temps d'écouter. Quelques mois plus tard, lorsque j'ai rejoint le tribunal d'Évry, j'ai vécu un drame : un enfant est mort alors que le signalement de son mauvais traitement par les services sociaux s'était perdu en chemin. Il n'avait pas été traité assez vite par le service compétent. Je reparlerai du sous-effectif chronique de la Justice, mais il n'y a pas un domaine où il soit aussi criant et injuste que celui des enfants.

Une parole plus libre

Je suis restée seulement deux ans à Orléans. J'ai quitté ce tribunal sans regrets, mais sans impatience. Cette première expérience m'avait permis de faire mon apprentissage, dans un milieu tolérant. J'avais appris à me comporter comme un magistrat, en retrouvant un peu de cette assurance qui avait été la mienne à dix-huit ans et que ma transplantation en France avait reléguée dans l'ombre. L'image de soi, cette statue intérieure dont parlait François Jacob[1], s'était réajustée. À Orléans, j'avais rencontré des magistrats honnêtes et consciencieux, qui n'étaient pas blasés. Certains de mes collègues m'avaient impressionnée par leur engagement personnel. Nous avions le sentiment d'être utiles.

1. François Jacob (prix Nobel de médecine), *La Statue intérieure*, Odile Jacob, Paris, 1981.

En revanche, la Justice en tant qu'institution m'était apparue compassée. Chaque magistrat était enfermé dans sa bulle de papier. Je ne me suis jamais faite à cette loi du silence. Le cérémonial de la Justice conduit à s'enfermer dans un monde policé, peu sensible à la réalité extérieure. L'avancement des magistrats se décide à l'aune des notes octroyées par leurs supérieurs, ce qui crée des phénomènes de cour et de révérence. Le système nous infantilise : chacun d'entre nous est ramené sur les bancs de l'école, au temps du feutre rouge dans la marge. Mes premières notations ont été horribles : j'avais à peu près toutes les croix dans les colonnes « moyen » et « mauvais »... Je devais effrayer mon procureur avec mon langage un peu abrupt, trop direct.

Déjà à cette époque, je ne comprenais pas pourquoi personne parmi nous n'osait élever une critique constructive envers autrui. Les rumeurs et les conciliabules de couloir ne font avancer personne. Expliquer à un collègue qu'il préside une audience avec trop de condescendance et qu'il ne devrait pas tutoyer les prévenus serait considéré comme une insulte. Notre président n'aurait jamais osé prendre ce magistrat en tête à tête pour lui en parler.

Ce silence, comme une eau qui dort, tranchait avec la circulation de la parole que j'avais connue à l'hôpital psychiatrique. Personne n'est parfait — et moi la première. Je doute, j'hésite. J'ai besoin de parler pour voir clair. Je n'ai jamais rien compris d'important dans ma vie sans un échange avec autrui. La lumière vient de la confrontation, du dialogue.

Chaque jour, à Orléans, j'avais des dizaines de contacts avec des policiers, des gendarmes, des éducateurs, des directeurs de prison. Un comportement plus direct aurait permis de débloquer certaines situations. J'essayais, à ma mesure, de parler franc et d'écouter les autres, comme je l'avais appris des psychiatres. Mais j'avais parfois l'impression d'être l'originale du tribunal. Heureusement, mes origines étrangères me protégeaient paradoxalement contre l'ostracisme de mes collègues : on me jugeait avec bienveillance, sans me comprendre tout à fait.

Une rencontre

D'une manière amicale, j'ai été profondément marquée, durant ces années-là, par l'ancienne propriétaire de notre maison. Notre rencontre ne fut pas banale. Lorsque l'agent immobilier nous conduisit chez Anne, nous n'avions pas assez d'argent pour conclure la vente. Cette jeune femme d'une grande famille aristocratique était veuve depuis l'âge de vingt-cinq ans, avec deux enfants. Je l'ai aimée tout de suite, parce qu'elle savait prendre le contre-pied des situations. Elle nous a dit : « Cette maison vous va. Elle est trop grande pour moi. Puisque les banques ne veulent pas vous prêter assez, on va trouver un arrangement. Je vais vous avancer l'argent qui vous manque. En échange, je garde quelques pièces. Ce sera votre manière de me rembourser. »

Tout était dit. On ne peut pas comprendre notre amitié sans se replonger dans les années soixante-dix, avec leur parfum d'utopie. Pour elle les mots n'étaient que du vent si l'engagement ne suivait pas. Lorsque Anne me voyait dans le jardin, elle trouvait cela presque exotique. Elle riait : « Je préfère m'occuper des êtres vivants plutôt que des fleurs. » Dans les cercles de théologiens qu'elle fréquentait, quand on lui demandait son métier, elle qui avait fait de brillantes études supérieures, répondait qu'elle était femme de ménage, ce qui jetait un froid. C'était pourtant sa façon à elle de faire vivre le village. Elle s'occupait du ménage des vieux, du transport scolaire, des paumés, des suicidaires. Elle me disait : « Des gens comme toi, qui vont de l'avant, j'en vois des dizaines. Ce qui est important, c'est de pousser à l'arrière. »

J'ai mis longtemps à comprendre l'intensité de sa foi en Dieu, car elle n'encombrait pas les autres avec ça. J'étais surtout attirée par sa liberté de comportement : fantaisiste, dérangeante, batailleuse, irrévérencieuse, elle avait un don pour amener de la vie partout où elle se posait. Tout ce qui lui arrivait lui servait. Chacun était de plain-pied avec elle. Lorsqu'elle passait la soirée avec un alcoolique, Anne sortait deux verres et avalait sa rasade de whisky, alors qu'elle ne buvait jamais.

Elle s'était mis en tête de bâtir une maison de retraite autogérée. Les personnes âgées participaient à la cuisine et à l'entretien. Cela a duré quinze ans. Puis elle s'est installée comme « grand-mère » dans une boutique pour les SDF, en recousant leurs boutons et leurs fermetures Éclair, pour être disponible et parler.

Je ne voudrais pas en faire un portrait édifiant. Anne avait des défauts comme chacun d'entre nous. Son goût de la vie était à la mesure de sa fragilité. Elle suscitait une certaine violence par ses prises de positions. Mais cette femme qui donnait un sens à chacun de ses gestes portait sur les autres un regard sans préjugés. Elle était plutôt contrebandière que douanière. Un jour, quelqu'un lui a confié un ami sur le point de se suicider. Au lieu de s'écrier : « C'est épouvantable, je vais l'en empêcher », Anne lui a répondu : « De toute façon, on ne peut rien faire, on va juste vivre avec lui et c'est tout. »

Tous les soirs, pendant quinze ans, nous avons trouvé le temps d'échanger quelques mots. Elle avait toujours appris quelque chose de sa journée. En la voyant vivre, je me rendais compte que des hommes et des femmes isolés, en marge, peuvent faire des miracles.

Le compliment qui m'a fait le plus plaisir dans ma vie est venu d'une jeune femme magistrat qui avait fait un stage à Orléans. En partant, elle m'a dit : « Ce que j'aime, Eva, c'est la liberté qu'il y a autour de toi. » C'était le reflet de tout ce qu'Anne m'avait appris. Durant ces années de bonheur familial, elle m'a encouragée à me nourrir au contact des autres, à ne pas les fatiguer avec ce que je savais, à suivre mon intuition, qui est une sorte de muscle et qui se travaille. Cette façon de vivre m'a apporté d'autres vues que les miennes. J'ai découvert avec elle que l'on pouvait mobiliser son intelligence et son énergie à autre chose qu'à faire carrière ou à construire son nid.

Un désir de justice

Au bout de deux ans, j'ai pu rejoindre le tribunal d'Évry, beaucoup plus près de la maison. Notre juridiction couvrait une zone d'un million d'habitants, avec, au nord du département, une population urbaine, des quartiers difficiles, une grande prison et, au sud, des champs de blé et de betterave. Cela n'avait rien à voir avec la quiétude d'Orléans. La machinerie, pourtant, n'était pas lourde. Le parquet d'Évry ressemblait à une petite entreprise : un procureur, deux adjoints, vingt substituts, les greffiers et les secrétaires. Nous devions à peine dépasser quarante personnes. Le bâtiment était moderne, posé dans le paysage étrange d'une ville nouvelle de la banlieue parisienne, où les échangeurs d'autoroute, les gares et parfois les hypermarchés ont été construits avant les immeubles.

La ville en elle-même était dure à vivre. Elle avait été conçue avec de grandes trouées de verdure disposées en étoile, qui faisaient entrer la nature dans la ville. Cette belle idée, conçue sur les tables des architectes, était difficile à vivre au ras du sol. Le centre n'existait pas. Le passage d'un point à un autre d'Évry était terriblement compliqué. L'alchimie de la ville, cette longue maturation, n'avait pas opéré.

Autour du tribunal, il était impensable d'aller déjeuner dans un petit restaurant ou un bistrot chaleureux. La seule distraction était le centre commercial, avec son inévitable fast-food et ses pizzerias fluorescentes. Des jeunes sans occupation y passaient leurs journées, à attendre on ne savait quoi. Au printemps, je prenais une valise de pique-nique pour déjeuner avec quelques collègues au bord de la Seine. Nous nous installions sur un talus de gazon qui donnait de l'autre côté de la rive, sur les barres de béton. Au moins nous étions à la lumière du jour, loin des néons.

La population judiciaire était hétérogène. Le TGI d'Évry accueillait beaucoup de jeunes magistrats sortis dans les premiers de l'École de la magistrature. Souvent issus des beaux quartiers de Paris, ils choisissaient Versailles ou Évry pour pouvoir rentrer chez eux le soir en RER, avant de demander une affectation à Paris. Ils regardaient avec distance la clientèle colorée du tribunal. L'immigration était en effet importante dans la zone d'Évry. L'intégration était déjà difficile dans cette ville sans passé ni tradition ; elle devenait impossible avec la crise et des taux de chômage qui dépassaient 50 % dans certains quartiers.

Le président de la cour d'assises possédait une superbe ferme dans le sud du département, où il élevait des chevaux. Moi-même, j'habitais une jolie maison de village, avec un jardin merveilleux. Chacun vivait sa vie et repartait le soir de son côté. Nos échanges restaient superficiels, à l'image de la ville nouvelle. Contrairement à Orléans, ville à laquelle je pense toujours avec tendresse, j'ai gardé peu d'amis du tribunal d'Évry.

Un contraste si violent

Cet ensemble disparate devait rendre la justice dans un univers beaucoup plus complexe que celui du Loiret. La bonne surprise est venue du procureur alors en poste à Évry, un homme anticonformiste, avec une absence naturelle de goût pour la hiérarchie. Il avait la capacité d'instaurer avec chacun une relation personnelle. Souvent, en fin de journée, il passait dans mon bureau pour discuter d'un dossier ou parler un moment. C'était un réconfort et un soutien. Après l'hôpital psychiatrique, j'avais de nouveau la preuve que les institutions abritaient tout, même des hommes de qualité.

Sous sa direction, j'ai repris la fonction de substitut chargée des mineurs, que j'avais aimée à Orléans. J'appréciais le fait que, dans ce travail, notre action ait un sens immédiat. Nous étions capables de ces renversements de situations que permettent les relations directes avec autrui. Je me souviens d'une audience au tribunal pour enfants : nous devions juger un garçon de quinze ans qui était poursuivi pour plusieurs vols dans un supermarché. Il paraissait anéanti. Sa mère pleurait. Il y avait quelque chose de disproportionné entre son chagrin, la manière dont cette femme avait ensuite enfermé son fils dans sa chambre en lui interdisant de sortir, et l'immeuble désespérant où cette famille habitait, avec ses dealers installés dans l'escalier. Nous nous rendions compte, avec le président, que nous avions fait fausse route en citant cet adolescent à comparaître. Dans mon réquisitoire, je me suis adressée directement à sa mère : « Votre fils n'est pas toxicomane. Il n'est pas dealer. Vous avez fait un merveilleux travail de mère, et je vous félicite. » Tout le monde riait de sa surprise. Elle s'attendait à une sanction terrible et nous en sommes restés là.

Notre travail n'était malheureusement pas toujours aussi joyeux. Quand nous découvrions à l'audience des adolescents de dix-huit ans avec un casier judiciaire rempli à ras bord, nous étions découragés. Ces enfants voleurs ou dealers donnaient l'impression d'être pris dans un engrenage, comme si leur destin était déjà écrit : retomber dans les marges et la délinquance, malgré l'assistance éducative, malgré la prévention sur le terrain, malgré les heures passées avec le juge pour enfants... Comme si tous nos efforts ne servaient à rien. Il n'y avait pas de mots pour dire notre sentiment d'impuissance. Eux-mêmes semblaient sans illusions, résignés à la sanction, presque absents, les yeux rivés au plancher.

Par rapport à la situation que j'avais connue, le contraste était saisissant. À Orléans, nous rendions une justice cohérente. Le Code pénal reflétait les valeurs de la société qui nous entourait. La hiérarchie des délits et des peines avait un sens évident. À Évry, tout devenait relatif. Le seul lieu social de ces adolescents était la cave ou la cage d'escalier de l'immeuble. Des parents chômeurs. Des grands frères chômeurs. Autour d'eux, ils n'avaient vu que des dealers qui faisaient la loi, des petits caïds qui gagnaient un SMIC par jour alors qu'eux-mêmes, en s'appliquant à l'école, pouvaient peut-être espérer un contrat d'insertion à 2 000 francs par mois... Quelle justice devait-on rendre à leur endroit ?

Notre face cachée

L'accent était surtout mis sur l'accompagnement des délinquants. Dans un grand élan humaniste, la Justice française a pensé depuis 1945, et plus encore au début des années soixante-dix, que son devoir était surtout de « rééduquer » les délinquants. Considérer le jeune criminel comme une *victime sociale* est un postulat hérité des philosophes des Lumières et des utopies du dix-neuvième siècle. « Ouvrez des écoles, vous fermerez des prisons ! » s'enflammait Victor Hugo. Malheureusement, la petite délinquance a résisté à l'éducation pour tous. Sans doute parce que nous avons fait fausse route en pensant que chaque délit doit être compris isolément et trouve son origine dans l'histoire particulière du délinquant. Or les délits ont surtout un sens collectif. Ils nous disent ce que nous sommes. « Une société sans crimes ne serait pas une société sans malheurs, mais une société sans valeurs[1] » observe notre collègue Jean de Maillard dans une jolie formule.

La criminalité est comme le négatif de la société, au sens photographique du terme. Il suffit de prendre un peu de hauteur pour s'en rendre compte. Un chèque sans provision pouvait conduire en prison dans les années soixante ; aujourd'hui ce n'est même plus un délit, parce que l'explosion des échanges financiers le relègue au niveau d'un incident mineur. Un conducteur ivre qui fauche deux enfants sur le bord de la route risque désormais une peine de prison ferme, alors qu'il y a trente ans un drame similaire aurait été considéré par la justice comme une fatalité. Les actes sont les mêmes, la peine a changé — parce que nos valeurs communes ont changé.

La société se redéfinit elle-même en permanence et le crime déplace ses frontières en même temps que les nôtres. Les braqueurs de banques, omniprésents durant les années soixante-dix, ont presque disparu[2], tandis qu'ap-

1. Jean de Maillard et Serge Garde, *Les beaux jours du crime*, Plon, Paris, 1991.

2. Les mesures de sécurité prises par les établissements bancaires ont déplacé cette forme de criminalité vers les commerces et le convoyage de fonds.

paraissent par exemple les *hackers*, ces pirates qui pénètrent les systèmes informatiques, ou que se développe l'attention portée à la délinquance financière. Tout simplement parce que le pouvoir s'est niché ailleurs et que le crime est aimanté par lui. Il est sa face cachée.

En transgressant la loi, le délinquant nous parle bien plus qu'on ne le pense. Un petit dealer adhère à des valeurs mafieuses qui lui semblent plus judicieuses que celles de la loi. Il trouve dans le trafic de drogue des revenus et un « travail » qui lui plaisent davantage que le confort incertain apporté par la plupart des métiers qu'il pourrait occuper en toute légalité. Nous avons été trop optimistes en pensant qu'avec un suivi psychologique et une « rééducation » sociale, la majorité des délinquants pourrait s'en sortir.

Cela n'empêche pas, heureusement, notre système d'être efficace au cas par cas. La France ne rendra jamais assez hommage à ses juges pour enfants. Je sais qu'il existe des adolescents dont le destin a été transformé par la rencontre avec un juge qui a su trouver les mots justes. Le tribunal d'Évry sauvait des enfants, et pour ceux-là rien n'était assez important. Mais pour le grand flux de la délinquance, nous ne pouvions

pas renverser le cours des choses. Vu de notre petit bout de banlieue, il était absurde de penser que la justice pouvait réparer ce que le chômage avait déchiré.

Le sens profond de notre action était à chercher ailleurs, dans l'ordre symbolique. Une sanction ne « guérit » qu'exceptionnellement le délinquant. Elle est d'abord la garantie de l'ordre social. En une formule paradoxale, le sociologue Émile Durkheim expliquait qu'en réprimant les criminels la justice confortait surtout les honnêtes gens[1]. J'ai compris à Évry que c'était peut-être là une part importante de notre fonction.

L'historien Fernand Braudel a utilisé l'image des trois étages : le premier étage est celui de la subsistance (les marges et les délinquants de rue), le deuxième, celui de l'échange « à vue humaine » (les salariés, les petites entreprises) et le troisième, celui de l'économie-monde (les élites habituées aux échanges internationaux, la *surclasse* décrite par Jacques Attali[2]). Pour

1. Émile Durkheim, *De la division du travail social*, PUF, Paris, 1978, p. 47 et suivantes.

2. Selon Jacques Attali, les mutations économiques ont fait apparaître une « surclasse » de dirigeants ayant des revenus mondiaux et une consommation mondiale, surinformés, grands voyageurs, utilisant toutes les ressources des nouvelles technologies.

Braudel, le premier étage et l'étage supérieur n'obéissent pas à la loi : le premier parce qu'il n'en comprend pas le sens et le troisième parce qu'il se considère au-dessus des règles. Seul le deuxième étage, celui de la majorité des citoyens reconnaît la légitimité des contraintes sociales[1].

Rendre la justice, c'est préserver l'équilibre et la primauté de cet étage-là en étant en mesure de sanctionner le premier et le troisième étage. Si la loi ne s'applique pas « à tous les étages », la démocratie est en péril. L'impunité détruit la confiance dans le contrat social.

Je me souviens d'un voleur de voitures, que nous devions juger pour son troisième vol de BMW dans l'année. À l'audience, il nous a expliqué qu'il trouvait que la société était injuste parce qu'il ne pouvait pas acheter de voitures de sport avec un SMIC. Voler, c'était pour lui refuser l'ordre social. Il a été condamné à quelques mois de prison. Est-ce que son destin en a été changé ? Je ne crois pas. Mais en tant que procureur, mon devoir était d'imposer les valeurs du Code pénal, au nom de l'équilibre social,

1. Fernand Braudel, *Civilisation matérielle, économie et capitalisme*, tome III, « Le temps du monde », Armand Colin, Paris, 1980.

sans pour autant nourrir d'illusions sur sa perception de la sanction.

Après avoir tout essayé...

J'ai appris aussi qu'à certains moments la société doit se protéger. Nous avions suivi notamment un jeune gitan depuis l'âge de onze ans. L'attention des éducateurs avait été attirée par sa personnalité éclatante. Sa mère l'avait rejeté et brûlé de manière atroce lorsqu'il était enfant. Il avait pourtant gardé une frimousse attachante, un regard bleu pétillant, des cheveux noirs et bouclés... Il volait des voitures, mais il était si petit que les gendarmes qui le poursuivaient ne pouvaient pas le voir : sa tête ne dépassait pas du volant. Le juge pour enfants a mis en place autour de lui une protection exceptionnelle, avec quatre éducateurs qui se relayaient. Les fugues, pourtant, se sont succédé. Nous avons vu apparaître des comportements psychotiques. L'échec de nos efforts était patent.

Nous avons demandé un placement d'office en service psychiatrique, mais il a profité des formalités d'entrée pour repartir au volant de l'ambulance qui l'avait conduit là. Cela a duré des mois. Chaque fois qu'il était placé dans une institution, son charme opérait et il obtenait des bons de sortie. La fin a été tragique : il a tué à bout portant une femme qui l'avait pris en stop. Des histoires comme celle-là vous broient pour des mois et des années. Chacun avait fait ce qu'il avait pu. Mais, à un moment donné, il faut demeurer humble face aux limites de l'action de la justice.

Le sentiment d'être utile

Au bout de deux ans, j'ai été affectée au « petit parquet », c'est-à-dire une section consacrée à la gestion de la criminalité courante, composée de quatre substituts. Comme à Orléans, les permanences duraient une semaine, mais leur fréquence et leur intensité étaient accrues. Le travail était éprouvant. Mes interlocuteurs avaient un système de rappel automatique lorsque la ligne était occupée. Le rythme était infernal : raccrocher, décrocher, raccrocher, décrocher... Le soir, j'avais envie d'arracher les fils du téléphone.

J'ai aimé pourtant ces heures de grande tension nerveuse, passées à écouter des histoires hors du commun. J'étais prise par l'action. Il fallait une concentration maximale pour décider de gardes à vue, de libérations, de présentations... Le soir, je rentrais épuisée, mais j'étais portée par le sentiment d'avoir été utile. Je roulais en voiture, j'observais les lumières des immeubles, la vie des gens sans histoire, et il me semblait que nous étions tous, policiers, gendarmes et magistrats, les veilleurs de ce calme-là.

Mon âge était devenu un avantage dans cette fonction. L'expérience que j'avais accumulée me donnait plus de distance que si j'avais eu vingt-cinq ans. Aujourd'hui encore, j'assure régulièrement, certains samedis, une permanence comme juge d'instruction au tribunal de Paris. Je replonge alors dans le bain de la criminalité quotidienne. Je me rends compte à quel point un peu de recul est nécessaire pour dédramatiser certaines situations.

J'ai ainsi vu passer des réquisitions de mandat de dépôt pour un sportif au casier judiciaire vierge, sur le point de partir s'entraîner à l'étranger avant une grande compétition. Il était accusé d'avoir falsifié un chèque de 6 000 F. L'emprisonnement m'a paru disproportionné par rapport au délit. Je l'ai mis sous contrôle judiciaire avec « obligation de s'entraîner et de gagner » !

Une autre fois, un substitut a demandé l'emprisonnement d'un Polonais, qui était au chômage après vingt ans de travail dans un chantier naval à Dunkerque, à cause d'un témoignage (par ailleurs contesté) d'exhibitionnisme. Ce SDF n'avait pas de casier judiciaire et était sous dialyse ; j'ai estimé que le substitut allait trop loin. Au début de ma carrière, j'aurais sans doute laissé faire. C'est cet arbitrage permanent et incertain qui est au cœur de la fonction de juge.

Les nuits de permanence à Évry, le procureur mettait sa voiture avec un chauffeur à notre disposition. Cette attention me rassurait. J'étais une jeune femme. Lorsque je devais me rendre sur les lieux d'un crime, en cherchant mon chemin de nuit en banlieue, dans ma vieille voiture, je n'étais pas rassurée. Comme mon mari était médecin, notre vie pouvait être épique certains soirs. Nous avions chacun notre ligne de téléphone. Tous les appels convergeaient vers la maison : à lui les infarctus, les crises de folie, les angoisses nocturnes, les hospitalisations d'urgence, à moi les suicides à la maison d'arrêt, les viols sur les parkings, les coups de couteau... Nous avions l'impression de tenir les registres du malheur.

Transfert de stress

Je devais souvent me rendre sur le lieu du crime parce que, en tant que substitut, j'étais comptable de la régularité de la procédure. Il fallait coordonner les différents services, contrôler les enquêteurs, empêcher parfois que le corps de la victime ne soit transporté par ses proches. Notre arrivée était une épreuve supplémentaire pour les familles. Lorsque vous découvrez votre fils dans une mare de sang, vous avez envie de lui fermer les yeux et l'allonger dans un lit, ce qu'il faut interdire avant le passage de la police scientifique. Nous devions respecter leur douleur, mais prendre les choses en main.

Je me rappelle un homme qui avait tué sa femme avant de se suicider. Leurs enfants étaient encore à l'école. Nous ne pouvions pas les laisser rentrer chez eux. Ce drame allait laisser dans leur vie des traces que chacun peut imaginer. Il ne fallait pas ajouter au mal du meurtre le mal de la découverte brutale d'une maison ensanglantée, remplie d'étrangers. Nous sommes remontés jusqu'aux grands-parents. Les gendarmes sont allés chercher les enfants à l'école avec eux. On brocarde souvent les gendarmes. Ceux que j'ai connus m'ont impressionnée par leur sens du service public. Chaque fois que nous avions besoin d'eux ils étaient là, tout simplement.

Mon passage à l'hôpital psychiatrique m'avait appris l'importance de la parole : chaque mot que vous prononcez peut apaiser ou pourrir une situation. Dans les moments de stress, le magistrat est un paratonnerre pour l'agressivité générale. Tout le monde vous prend à partie. Les décisions d'urgence remontent vers vous. Pendant les réunions de parole, à l'hôpital, les psychiatres insistaient sur la nécessité de rester en permanence à sa place. Chacun d'entre nous doit intervenir de manière légitime. Le conflit vient souvent d'une confusion des rôles : nous avons tendance à parler à la place d'un autre. Le magistrat doit rester magistrat et non policier, médecin ou ami de la famille. C'est une discipline à respecter. Je ne voulais pas me laisser entraîner dans un engrenage verbal. J'essayais de répondre le plus calmement possible, en restant dans le cadre de ma fonction.

Le soir, j'avais besoin de raconter ce que j'avais ressenti. Comme médecin, mon mari éprouvait la même envie. Il donnait beaucoup de temps aux autres. Lorsqu'il devait annoncer à une femme qu'elle était atteinte d'un cancer du sein, il parlait en général à quelqu'un qu'il connaissait depuis dix ans, dont il suivait aussi les enfants et les voisins. C'était un acte qui l'impliquait beaucoup plus qu'une piqûre de vaccin. Comme le mien, son métier demandait un engagement total. Il était révolté par l'injustice et le suicide d'un patient pouvait le miner pendant des mois, alors qu'il avait fait tout ce qui était humainement possible. Je remplaçais l'équipe qu'il n'avait pas autour de lui. Et lui faisait la même chose avec moi. Nous nous portions l'un l'autre.

À cent vingt pour cent de nos capacités

À Évry, la conscience professionnelle de mes collègues était rarement prise en défaut. Le tribunal abritait peu de tire-au-flanc. Chaque matin, nous trouvions sur notre bureau une pile de procédures nouvelles. L'objectif de la journée était de les faire passer de la pile de gauche — les dossiers en attente — à celle de droite — les dossiers traités. En rentrant de vacances, nous trouvions trente piles le long du mur de notre bureau. Et il fallait écluser le retard le plus rapidement possible. Si nous n'étions pas assez rapides, cela se voyait immédiatement. Certains collègues, plus lents ou plus hésitants, camouflaient les dossiers en retard dans les armoires jusqu'à ce que les procédures débordent des étagères.

Je me souviens d'une collègue qui arrivait un peu trop tard et partait un peu trop tôt. Elle disait drôlement : «Je n'ai pas passé le concours de l'École de la magistrature pour devenir une machine à agrafer ! » Elle refusait la solution de facilité qui consiste à écumer toutes les petites décisions rapides pour faire descendre les piles. Elle prenait son temps. Son bureau était un capharnaüm. Elle est partie d'Évry accompagnée d'une mauvaise réputation, largement infondée. Mais aux yeux du corps, un bon magistrat est un magistrat qui laisse place nette.

Nous portions chacun un fardeau qui me semblait chaque jour un peu plus lourd que la veille. La population s'était considérablement accrue, le chômage avait miné des quartiers entiers, la drogue s'était diffusée partout. Comment pouvions-nous faire face à notre tâche? Dans l'industrie, une usine peut décupler sa production en installant des chaînes automatisées et en réduisant son personnel. Un service public peut informatiser ses données et rationaliser son organisation. Mais il est impossible de rendre la justice uniquement par ordinateur. Face à des drames humains, il est impossible de raisonner en termes de gains de productivité.

La machine était en surchauffe. L'engorgement de la justice a donné lieu à plus de cent vingt rapports en vingt-cinq ans : peu ont été suivis d'effet. Pourtant l'urgence est évidente. Le nombre des magistrats est le même qu'à l'époque de Madame Bovary, au temps des batailles d'héritage et de bornage[1]. Or la criminalité augmente et le Parlement vote chaque année mille nouveaux textes[2], assortis d'autant de nouvelles sanctions... La charge de travail des magistrats est exponentielle. On leur demande tout à la fois : traiter la délinquance de zones entières qui échappent à l'ordre public, réduire le nombre de morts sur la route, enquêter sur le blanchiment d'argent quand des cabinets de juristes conçoivent des montages merveilleusement sophistiqués, instruire des poursuites aussi complexes que l'affaire du sang contaminé... La

1. En 1855, on comptait déjà six mille magistrats (dont deux mille juges de paix).

2. « *1 350 lois sont sorties en 1995 et 1 407 décrets. On avance l'hypothèse de 100 000 lois théoriquement en vigueur* », Jean Carbonnier, *Droit et passion du droit sous la Vᵉ République*, Flammarion, Paris, 1996.

société moderne est en transformation perpétuelle. La science et la révolution technologique font apparaître de nouveaux délits. Pourtant la Justice est censée absorber ce flux de travail impressionnant sans moyens humains et matériels correspondants, par l'opération du Saint-Esprit républicain.

Les chiffres sont là : 55 000 affaires jugées en cour d'appel en 1972 contre 205 000 en 1998 ; 180 000 dans les tribunaux de grande instance en 1972 contre 640 000 en 1998... Dans presque toutes les juridictions, la somme des affaires traitées a été multipliée par deux ou par trois en trente ans. Avant la réunification, à population équivalente, l'Allemagne comptait vingt mille magistrats (y compris les procureurs) contre six mille seulement en France.

À Évry, le redéploiement était déjà un mot à la mode. La machine tournait à cent vingt pour cent de ses capacités, parce que chacun se disait : « Je ne peux quand même pas laisser ce dossier en plan. » Alors nous l'emportions à la maison, pour travailler le soir ou le week-end. Le tribunal faisait uniquement face à ce qu'on appelle dans les administrations le T.T.U. : le très très urgent. Chaque année, de nombreuses plaintes sont classées sans suite faute de moyens : de 66 % en 1986, on est passé à 80 % en 1995[1]. Les magistrats doivent faire des choix, en laissant se développer chez les victimes abandonnées à leur sort un sentiment d'iniquité. Or la Justice a une obligation de résultat, comme un service public. Nous devrions pouvoir traiter rapidement et efficacement toutes les affaires simples qui se présentent.

Le travail de tous les jours

En dehors des permanences, je suivais le travail des juges d'instruction. Lorsque j'avais saisi l'un d'entre eux dans une affaire, je restais son interlocutrice tout au long de la procédure. S'il découvrait des faits nouveaux, il devait demander au parquet ce qu'on appelle un supplétif pour élargir le champ de sa saisine, en quelque sorte sa lettre de mission. En effet, contrairement à une idée reçue, le juge d'instruction n'a pas tous les pouvoirs : ses investigations doivent rester dans les limites de sa saisine de départ. Le parquet accompagne l'instruction et contrôle les moyens qui lui sont alloués. Il peut décider librement que l'enquête s'arrête à un

1. Source : ministère de la Justice.

certain stade et qu'il ne faut pas poursuivre au-delà car cela n'en vaut plus la peine. La Justice est à l'image d'un homme qui a perdu ses clés la nuit, et cherche seulement dans le périmètre d'un lampadaire : il ne trouvera que ce qu'il s'autorise à éclairer. C'est aussi au parquet que revient l'arbitrage des affaires en fonction de la gravité du délit et parfois — ce qui ne m'est jamais arrivé à Évry — des ordres du gouvernement[1].

À cette époque, à Évry, il n'y avait pas d'affaires politico-financières à l'instruction. Nous étions donc libres d'agir en conscience, parce que nos dossiers n'intéressaient personne dans la hiérarchie. Je travaillais en bonne intelligence avec les juges d'instruction. Lorsque l'enquête était terminée, il me restait à traduire en termes juridiques les crimes ou les délits établis par le juge. Je devais décider par exemple si, selon les éléments contenus dans le dossier, il s'agissait bien d'un viol au sens de l'article 222-23 du Code pénal. Un procureur doit faire coïncider la réalité du crime ou du délit, toujours com-

1. Le gouvernement peut, selon l'article 36 du Code de procédure pénale, enjoindre, par instruction écrite, d'engager des poursuites. La pratique historique a surtout été des instructions verbales de ne pas poursuivre ou de retarder les poursuites, ce que les textes ne prévoient pas.

plexe et parfois inattendue, avec le cadre étroit du Code pénal. Ce travail intellectuel se faisait par écrit. Il était parfois fastidieux. Mais j'aimais ces plages de calme à mon bureau, que je vivais comme un retour aux sources du droit.

Par ailleurs, nous avions six audiences correctionnelles par semaine, des audiences du tribunal de police, la participation aux commissions d'application des peines en prison, les sessions de cour d'assises. Régulièrement, je devais me rendre à Fleury-Mérogis. Là encore, je découvrais une institution à deux vitesses. Une partie restait archaïque, avec encore quelques surveillants de prison qui restaient la caricature du genre, minés par le sentiment d'être enfermés avec les détenus dans cet univers glauque. Mais on trouvait aussi de jeunes surveillants, des éducateurs, des médecins, des directeurs de prison qui se battaient avec peu de moyens et beaucoup de convictions. En Norvège, les condamnés attendent qu'une place se libère pour purger leur peine. En France, le surpeuplement et la promiscuité indignes que j'ai découverts à cette époque n'ont fait que s'aggraver. La prison française n'a pas fait la révolution culturelle qui a transformé les hôpitaux psychiatriques.

Dans le silence assourdissant de la salle

Je garde un souvenir particulier du cérémonial des assises, qui restent la clé de voûte du système pénal. Les assises sont un des hauts lieux de la vie démocratique. Elles placent les citoyens au cœur de la Justice. Ce rituel est d'une grande rigueur. Le tribunal y consacrait des heures de préparation et d'audiences qui mobilisaient les magistrats[1].

Dans les dossiers que je suivais, je trouvais passionnant le récit du passage à l'acte, ce moment dramatique où tout bascule. Chaque audience avait sa dramaturgie. Lorsqu'il s'agissait de juger un crime passionnel, la tension, était souvent retombée depuis les faits. L'homme était dégrisé : il avait pris la mesure de son acte. Entre cinq et trente ans de prison, où placer le curseur des réquisitions ? Les jurés étaient confrontés pour la première fois de leur vie à un meurtre ou à un viol. Ils avaient tendance à écouter l'avocat général, parce qu'il représentait l'Institution et le savoir.

1. Tous les crimes commis dans l'Essonne étaient jugés à Évry. Le président de la cour d'assises se déplaçait depuis la cour d'appel de Paris. Les assesseurs et le ministère public (l'avocat général) étaient choisis parmi les magistrats du TGI, dont je faisais partie. C'est ainsi que je pouvais requérir parfois comme avocat général.

La justice d'assises me donnait le sentiment d'être à ma place. Alors qu'en requérant en audience de flagrants délits, des petits dealers multirécidivistes, je ne pouvais pas m'empêcher de penser aux patrons du réseau qui pendant ce temps encaissaient des sommes d'argent considérables sans être inquiétés. J'étais sensible au contexte des banlieues dures. À mon corps défendant, je cautionnais une justice à deux vitesses. En cour d'assises, ces scrupules disparaissaient. Nous ne jugions que des braquages, des viols, des meurtres.

Pour l'étrangère que je suis, exposée aux lapsus dans les moments de forte émotion, se lever pour requérir dans le silence assourdissant de la salle, constituait un moment impressionnant. Les mots avaient un poids que tous les protagonistes pouvaient physiquement sentir. Je voulais éviter que ma parole ne soit humiliante ou vexante. La plupart des accusés avaient reconnu leur crime et étaient conscients de sa gravité. Je voulais qu'ils se sentent écoutés et jugés avec équité. Lorsqu'un homme risque de passer cinq ou quinze ans en prison, il a le droit de s'exprimer, même si sa parole scandalise les victimes.

Le non-sens d'une réforme

Le Parlement a voté une nouvelle loi prévoyant la possibilité de faire appel des arrêts des cours d'assises. La loi s'appuie sur un argument fort : quelqu'un qui est condamné à vingt ans de réclusion criminelle pour meurtre ne peut pas faire appel, alors que, pour une peine avec sursis prononcée par un tribunal correctionnel, la sanction est toujours susceptible d'appel. La comparaison est trompeuse. En assises, ce sont les citoyens qui jugent, alors que les procédures d'appel mobilisent des magistrats qui contrôlent d'autres magistrats. Leur rôle est de corriger le tir des juridictions inférieures, moins expérimentées, et d'unifier les décisions entre les différents TGI, afin que l'égalité, en ce qui concerne des délits similaires, soit respectée. Dans d'autres pays il n'existe pas de droit automatique à l'appel.

Si le législateur veut instaurer pour les assises un « deuxième degré de juridiction », il faut aller jusqu'au bout de la logique et créer « un premier degré de juridiction » en remplaçant les jurés par des magistrats. Car toute la philosophie du jury repose justement depuis la Révolution sur le principe selon lequel le peuple peut juger et ne peut pas se tromper. Comme les Français sont attachés au principe des assises, le législateur a voulu ménager la chèvre et le chou. Mais il n'y a aucune raison qu'un second jury populaire, recruté de manière aussi aléatoire que le précédent, fasse mieux que ce dernier. Si l'on considère (ce qui n'est pas mon cas) que le jury populaire est un coup de dés, on a simplement donné le droit de lancer les dés une seconde fois, ce qui n'a rien à voir avec le principe de l'appel.

Ce texte de loi est aussi un non-sens pratique. Pour les procès au tribunal correctionnel, le taux d'appel dépasse déjà vingt pour cent des jugements. Pour les procès en cour d'assises, la proportion risque d'être plus importante encore. C'est une question de bon sens. Quand un homme ou une femme aura été condamné(e) à dix ans de prison, il aura aussitôt la tentation de faire appel, même si ce n'est pas raisonnable. Il voudra garder une lueur d'espoir durant toute la procédure d'appel. D'assises normales en assises d'appel, personne ne s'y retrouvera plus et la force du système finira par s'étioler.

Au lieu d'essayer de simplifier la procédure d'assises, d'un formalisme et d'une lenteur d'un autre âge, le système a été alourdi. La file d'attente des sessions est déjà longue (souvent plus d'un an). Aucun moyen adéquat n'a été voté pour faire face aux appels.

Cette réforme des assises est à l'image de la Justice : une République du verbe. Le gouvernement propose une belle loi, inspirée de nobles pensées, avec de superbes injonctions. Mais appliqué à notre réalité quotidienne, ce texte n'a pas été correctement évalué. Sans moyens adaptés, il prépare des lendemains douloureux à la Justice française. La France est parfois sanctionnée par la Cour européenne des droits de l'homme de Strasbourg pour non respect « *du délai raisonnable de jugement* ». Nous allons assister à une augmentation mécanique de ces condamnations. Des prévenus, accusés de crimes graves, retrouveront peut-être même la liberté faute d'avoir pu être jugés à temps. L'Italie, après la refonte de sa procédure pénale, connaît déjà cette situation. Récemment, un membre de la Mafia, qui avait avoué plusieurs meurtres, a été libéré parce que son procès en appel n'avait pu être organisé dans les délais impératifs.

Sur un coup de colère

En 1989 j'ai pris de plein fouet une décision du procureur général. Le tribunal avait accumulé deux ans de retard dans l'exécution des peines, par manque de greffiers. Au lieu d'essayer de mobiliser tout le monde pour apurer la situation, le procureur général a décidé d'annuler toutes les exécutions de peines en retard. J'ai trouvé cette mesure arbitraire. Une peine à exécuter que l'on jetait à la poubelle, cela représentait des dizaines d'heures de travail annulées d'un trait de plume : neuf plaintes lues pour une seule que nous avions décidé de poursuivre, une instruction, une enquête, des débats contradictoires, un jugement. Notre parole donnée ne valait plus rien. J'avais en tête le cas d'une affaire de vol avec violence avec deux auteurs. L'un s'était présenté, avait été jugé et purgeait ses quatre ans en prison. L'autre était en fuite. Il avait été condamné par défaut. À cause de la décision du procureur général, le prisonnier allait continuer à purger sa peine, mais le fuyard échappait à la condamnation...

Ce non-sens me révoltait. Je voyais cinq années de ma vie professionnelle qui partaient en fumée, les soirées de veille, les anniversaires annulés, les fêtes passées en permanence, mes enfants que je ne voyais pas grandir, cette injustice que l'on provoquait... Je me demandais : « Pourquoi continuer à consacrer ma vie à une institution pareille ? »

Alors j'ai demandé ma mutation. Je cherchais un poste à l'écart de la justice au jour le jour. Il existe un certain nombre de postes dans les administrations publiques ou les organismes internationaux occupés par des magistrats. Comme toujours, je laissais la fenêtre ouverte : j'attendais que la vie m'offre une bifurcation inattendue. Un ami m'a indiqué une piste à la mission interministérielle de lutte contre la toxicomanie. Cela ne me disait rien car il s'agit d'un domaine de promesses vaines. Je voulais plutôt un poste technique, où il existait une culture de l'efficacité. J'avais vécu une expérience heureuse au parquet financier d'Évry, où j'avais suivi les tribunaux de commerce. J'ai entendu parler d'un poste au ministère des Finances, au CIRI, le Comité interministériel de restructuration industrielle, qui recherchait un magistrat. Je n'avais pas le profil du poste parce que j'étais trop âgée — la moyenne d'âge du service était de trente ans. Mais ce ne fut pas un vrai obstacle.

En quittant Évry, je fermais la porte sur huit ans de magistrature. J'avais quarante-six ans. Mes enfants étaient pratiquement élevés. Ma fille était majeure. J'étais sortie du tunnel par lequel passent les femmes actives entre vingt-cinq et quarante-cinq ans, où il est difficile d'être disponible aux événements extérieurs, tant il faut jongler entre la maison et le travail. J'étais disponible pour une nouvelle vie. La Norvège, l'entreprise, l'hôpital psychiatrique, la protection de l'enfance, la délinquance de banlieue... J'avais déjà connu plusieurs mondes. Chacun d'eux se vivait au centre de tout, avec ses valeurs et ses rites qui paraissaient absolus. Je me sentais bien dans le rôle de l'étrangère et de l'autodidacte.

Quand l'État décide d'être efficace

J'entrai en 1989 au ministère des Finances, à Bercy, cette énorme machine à administrer et à diriger l'économie française. Le bâtiment était aussi impressionnant à l'intérieur que vu des quais de la Seine. Je me souviens encore, au centre de cet univers minéral et métallique du bruit des passerelles les jours de grand vent, qui chantaient comme sur un bateau, de l'allée de gravier et, sur le côté, des quelques touches de chèvrefeuille et de lavande dérisoires. Tous les couloirs à l'intérieur étaient identiques, sans repères visuels pour rappeler l'étage.

Le CIRI[1] avait été créé pour accompagner la restructuration industrielle en France, notamment celle du textile. Les grandes industries traditionnelles en crise — par exemple l'empire Boussac, Manufrance ou les chantiers de La Cio-

1. Le CIASI est devenu le CIRI en 1982.

tat — sont passées par les mailles du CIRI. À la grande époque, cet organisme dépensait des centaines de millions de francs par an pour absorber le choc des reconversions. Lorsque j'ai rejoint Bercy, les moyens étaient beaucoup plus modestes, mais la culture interne était toujours là. On sentait tout de suite qu'on entrait dans le cercle restreint des grands commis de l'État.

Tout pour l'efficacité

Le Trésor était une institution reine en France. Elle attirait les meilleurs cerveaux de la République, des individus extrêmement brillants et engagés dans leur tâche, qui pensaient vite et juste. Je me souviens du premier conseil prodigué par le secrétaire général du CIRI le jour de mon arrivée, avec le tutoiement d'usage : « Ici tu n'auras qu'un maître mot : la concision. » J'ai eu un mal fou à raccourcir mes phrases. Je devais bannir les adjectifs et m'habituer à penser en style télégraphique. J'ai longtemps choqué mes interlocuteurs du Trésor par mon esprit trop concret et pas assez fulgurant. Depuis l'adolescence, ces bêtes à concours perfectionnaient leur puissance de travail comme on peaufine une machine-outil. Ces hommes et ces femmes beaucoup plus jeunes que moi avaient une grande habitude des dossiers. Ils absorbaient des milliers d'informations qu'ils digéraient et restituaient en deux feuillets limpides. J'étais impressionnée.

En Norvège, les professeurs mettent le curseur sur la moyenne de la classe et s'adaptent au plus grand nombre[1]. La France, elle, vit avec l'idée que, sur une classe d'âge de sept cent mille enfants, trois cents à peine méritent de diriger le pays. Et la sélection s'arrête à vingt-cinq ans : pour quelques dixièmes de points à un concours, vous êtes inspecteur des Finances, polytechnicien et élève de l'École des mines — et ce titre vous permet d'intégrer la caste. J'ai rencontré un jour le dirigeant d'une entreprise qui réalisait plusieurs milliards de francs de chiffre d'affaires. Il se présentait comme un autodidacte, alors qu'il était sorti d'HEC, l'une des meilleures écoles de commerce françaises...

Cette idéologie élitiste est sans doute critiquable. Mais elle produit des esprits étonnants, avec la compétence et la satisfaction de soi qui

1. Il existe en Norvège une compétition de ski appelée *le temps idéal* : le vainqueur n'est pas le premier arrivé, mais celui qui a effectué le parcours dans le temps moyen de tous les participants...

accompagnent cette sélection. L'uniforme social était simple : un tailleur gris, une jupe courte et un chemisier blanc. Tout le monde se tutoyait. Ceux qui, comme moi, venaient de l'extérieur, ne rencontraient aucun ostracisme. Comme souvent dans les corps d'élite, la règle était la confiance et la camaraderie. L'appartenance à ces institutions reines suffisait pour vous ouvrir toutes les portes.

Il allait de soi au CIRI que chaque interlocuteur était au niveau : dénigrer un compagnon de travail aurait été une manière de se dévaloriser soi-même, ce qui était inimaginable pour ce genre de caractères. La promotion se faisait au mérite, et personne ne perdait son temps en intrigues de couloir, ce qui me changeait de la justice. Qui aurait imaginé un chef de service du Trésor dans son bureau en train de rédiger avec application une circulaire de deux pages sur les taches d'huile dans le parking ?

L'euphorie d'agir

J'ai commencé comme rapporteur au CIRI. Nous étions le SAMU des entreprises en difficulté. À partir de quatre cents salariés environ, un chef d'entreprise pouvait frapper à notre porte et dire : « Ma société est viable, il y a encore des perspectives d'activité rentable, mais mon premier client m'a lâché ou je n'ai plus d'actionnaires capables de m'aider à faire face et de suivre une augmentation de capital. » Nous devions établir un diagnostic et, le cas échéant, proposer une restructuration. Le CIRI sauvait l'entreprise et non les actionnaires. Il pouvait arriver que nous suspendions notre aide à la modification de l'actionnariat existant.

J'étais heureuse de la qualité du travail en commun. Personne n'imaginait travailler seul dans son bureau. Pour certaines décisions, il est formidable de ne pas être isolé. Nous parlions beaucoup, en allant droit au but. L'équipe au départ était pluridisciplinaire, mais dans le travail nous étions interchangeables. Les rapports étaient peaufinés et améliorés grâce à l'apport de tous les niveaux hiérarchiques, sans rivalités ni querelles de procédure.

L'organisation avait été conçue pour être le plus efficace possible. Je découvrais une culture du temps réel. Le matin on me demandait une consultation juridique, et le soir la note devait être prête. L'administration des Finances avait l'habitude de travailler comme cela. Lorsque le gouvernement demandait au Trésor de créer une banque de développement pour l'Europe de l'Est, c'était fait dans les deux mois. Pour restructurer une entreprise en difficulté, il était inimaginable de traîner en longueur. C'était une culture d'action sur le monde.

Si l'on excepte les permanences et les décisions à prendre immédiatement, j'avais l'habitude du tempo judiciaire, où l'unité de temps est l'année. Dans un dossier que j'ai instruit, la Cour de cassation a rendu son arrêt cinq ans après une perquisition contestée effectuée chez un avocat... Au CIRI, le temps était celui de l'activité économique : un jour, une semaine, un mois tout au plus. Les problèmes nous étaient posés immédiatement : six mois plus tard, notre intervention n'avait plus aucun intérêt.

J'ai appris ce que pouvait être une échéance : à la fin du mois, si l'argent n'était pas rentré, l'entreprise était morte. Le premier culte au Trésor était celui de l'horaire : commencer et terminer une réunion à l'heure ne souffrait aucune exception. Il n'y avait pas de limite au travail : refermer son parapheur à six heures du soir n'avait aucun sens. Je découvrais le plaisir qui nous submergeait après avoir réussi à boucler une négociation à cinq heures du matin, qui sauvait des centaines d'emplois. Jusqu'à cette époque, j'avais toujours jonglé entre ma vie professionnelle et ma famille en pensant que le travail était l'ennemi de mon équilibre. À quarante-sept ans, je découvrais que travailler pouvait être une façon de se réaliser.

La confiance qui m'était faite me donnait un nouvel élan. Sur mes dossiers, la solution choisie dépendait de moi. En cas d'erreur, j'aurais été remerciée. Cette responsabilité authentique me donnait des ailes. Je faisais corps avec cette mission en donnant le meilleur de moi-même. Lorsqu'il a été question de me nommer secrétaire générale adjointe, j'ai dit à mon supérieur : « Les Trésoriers ne vont pas comprendre. Tu n'as qu'à dire que c'est parce que je suis la plus âgée. » Il a levé les yeux au ciel : « Jamais. Je vais dire la vérité : je te nomme parce que, pour moi, tu es la meilleure » (ce qui n'était pas forcément l'avis de tout le monde !). Ce dialogue aurait été impossible à la Chancellerie. Il était quotidien au Trésor, comme dans la plupart des entreprises.

La hiérarchie des urgences

En regard de l'énergie et de la disponibilité qui nous étaient demandées, l'État mettait à notre disposition des moyens matériels importants. Je découvrais les traitements de texte, les fax, les ordinateurs et des secrétaires capables de sortir des protocoles dans la nuit, c'est-à-dire des moyens matériels à la hauteur de ceux du privé. Un an plus tôt, je passais pour un génie de l'informatique à Évry parce que j'utilisais un Minitel... J'étais passée d'un monde à un autre. Le contraste avec la pauvreté des moyens concédés à la Justice était impressionnant.

Il faut avoir éprouvé la capacité de réaction du CIRI. Lorsqu'il y avait une urgence, tout était subordonné à cet ordre du jour. Je me rappelle avoir organisé une réunion en plein mois d'août, avec deux jours de préavis. Ce matin-là, le directeur du Trésor revenait d'une réunion du G7 aux USA. Je suis allée le chercher à son bureau. Il était en plein décalage horaire. Nous avons marché de son bureau à la salle de réunion : à peu près huit minutes. Je lui ai exposé le problème et les solutions que nous préconisions. Nous avions travaillé énormément, en association étroite avec le chef d'entreprise. Il fallait que l'État prenne des risques. Je lui ai laissé ma note avec nos analyses. Il écoutait tout en marchant. La réunion a pu commencer à l'heure, avec des représentants de tous les ministères concernés, et l'entreprise a été sauvée des eaux, au moins pour quelque temps.

Je n'ai jamais oublié ces heures-là : elles sont la quintessence de ce que j'ai appris au CIRI. Bien sûr, tout n'a pas été une réussite. Restructurer une entreprise de textile écru dans les Vosges à l'heure de la concurrence asiatique, cela pouvait représenter un pari impossible.

J'ai beaucoup appris également sur l'obéissance vis-à-vis du gouvernement, qui n'était pas de la servilité. Le CIRI était un service professionnel : il mettait un écran entre l'intérêt général et le désir éventuel d'un ministre qui voulait restructurer l'entreprise d'un ami ou du chef-lieu de sa circonscription. Parfois, le CIRI rendait des avis négatifs mais recevait quand même l'ordre d'agir. Nous respections la décision politique avec loyauté. C'était la règle du jeu. Nous cherchions juste à travailler efficacement le plus en amont possible, à rendre l'avis le plus pertinent, en toute conscience. Si le pouvoir politique en décidait autrement, il ne pouvait pas s'abriter derrière des arguties techniques.

Quitter la fonction publique ?

Je vivais une révolution de perspective. Mon univers était jusque-là plutôt intellectuel, un cercle créé par la vie, fait de médecins, de professeurs, de voisins, amateurs de musique et de culture. Depuis mes débuts en hôpital psychiatrique j'avais toujours travaillé dans des structures de service public, plutôt méfiantes vis-à-vis de l'argent. Les valeurs de l'entreprise privée ne m'attiraient pas. Cependant, au contact de la réalité des affaires, j'ai rencontré des hommes étonnants. Je me souviens d'un homme qui avait fait fortune. Pour garantir la poursuite de son activité, pourtant périlleuse, il a vendu tous ses biens à soixante ans. Cette attitude avait du panache. L'énergie de ces hommes pouvait être étonnante. J'apprenais à les connaître et, souvent, à les admirer. Beaucoup de mes présupposés sont tombés en quelques mois.

Les passages au CIRI étaient courts : deux ou trois ans à peine, pour éviter la routine. Lorsqu'on accumule trop d'opérations commandos, il y a un risque de lassitude : moins d'attention et moins d'enthousiasme. J'arrivai au bout de la troisième année. J'avais été la première femme secrétaire générale adjointe, la première magistrate, la première non-énarque. En tant qu'immigrée norvégienne ayant commencé au bas de l'échelle comme secrétaire, cette reconnaissance m'avait fait du bien. Je me sentais désormais plus sûre de moi.

J'ai décidé de réintégrer la magistrature. Pourtant, je me voyais mal revenir à n'importe quel poste. Compte tenu de mon regard sur le monde industriel et de mon expérience au CIRI, j'ai pensé qu'il serait judicieux d'utiliser ces compétences dans la fonction de juge d'instruction en matière financière. Je suis allée voir le premier vice-président, le magistrat en charge de l'instruction, pour lui expliquer mon raisonnement. Il était réticent : une carrière normale commençait par cinq années de *délinquance astucieuse* (escroqueries, petits abus de biens sociaux, etc.) ; alors seulement on avait le droit de traiter les *affaires financières*. En cas de refus, j'étais prête à quitter la magistrature. Finalement un poste a été créé, et j'ai pu y être nommée.

Nous étions en 1993. J'étais à mille lieues d'imaginer ce que j'allais découvrir. Je sortais d'une aventure riche et sereine. J'étais confiante dans les institutions et heureuse d'avoir participé, à un échelon modeste, au bien commun de notre pays. J'avais été impressionnée par la fécondité des entreprises privées. D'une certaine manière, j'étais insouciante. Aujourd'hui, je regrette parfois cette innocence. Mais il était dit que notre génération de magistrats, en Europe, allait être plongée dans une situation exceptionnelle et serait amenée à découvrir ce qui, jusqu'à présent, avait été caché.

La guerre des crayons

La galerie financière de Paris coulait des jours heureux, loin de l'agitation du reste du Palais. Lors de mon premier entretien avec la présidente du tribunal, j'ai été prévenue de l'indifférence générale à l'égard des affaires financières. Avec franchise, elle m'a dit : « J'avoue n'avoir jamais rien compris à ces immenses dossiers qui ne sortent jamais. Je ne vois pas le but du jeu. »

Pourtant, en 1993, le cours des choses avait changé. L'affaire Urba (sur le financement du Parti socialiste) avait connu une première enquête, bientôt relancée par Renaud Van Ruymbeke. Alain Carignon et Michel Noir (du Rassemblement pour la République) étaient inquiétés. L'instruction de l'affaire Péchiney était en cours. L'opération *Mani pulite* (Mains propres) commençait en Italie. Mais ces premières vagues n'avaient pas encore atteint le cœur de la Justice. Dans les préoccupations d'une présidente de tribunal de Paris, les affaires financières représentaient un domaine marginal. À la fin de notre entretien elle m'a glissé, songeuse : « En fait, je crois que vous avez choisi l'instruction financière parce que vous êtes norvégienne et protestante. »

Le sous-entendu m'a tout de suite frappée. Je vivais en France depuis presque trente ans. Jamais personne ne m'avait dit que j'avais choisi l'hôpital psychiatrique, la carrière de magistrat ou les restructurations industrielles parce que j'étais née à Oslo et encore moins parce que j'avais suivi des cours de religion comme tous les petits Norvégiens. Il y avait un rien de condescendance dans sa voix, comme s'il était dans l'ordre des choses que les protestants s'intéressent à l'argent, ce qui n'était pas une préoccupation assez noble pour les catholiques.

Je sais aujourd'hui que cette phrase banale était le signe avant-coureur d'un réflexe de protection plus profond. Avec la médiatisation, la référence au protestantisme n'a cessé de s'amplifier à mon propos. Je n'entretiens pourtant que des relations distantes avec la religion. Mais l'association d'idées avec le puritanisme est facile : elle permet d'assimiler notre travail à une croisade et à des mots comme « pureté », « blancheur », « morale » qui sont des mots traîtres.

Dans ce fantasme, j'ai l'impression de lire une certaine mauvaise conscience. Avec la révolution technologique et l'ouverture des marchés financiers, la France est entrée, comme toutes les autres nations occidentales, dans l'ère de l'argent-roi. Les systèmes anglo-saxons, d'inspiration protestante, qui avaient déjà intégré l'argent comme une donnée fondamentale, ont moins de difficultés d'adaptation que les pays latins, où l'argent est quelque chose que l'on cache et qu'il est de bon ton de mépriser. La société française s'autopersuade que le monde n'a pas changé, mais faute d'avoir pensé l'argent, l'argent s'est mis à penser à sa place, et la corruption s'est développée d'une manière impressionnante.

Le dédale

J'ai tout de suite été conquise par le Palais de Justice de Paris, un lieu magnifique constitué de stratifications historiques[1]. Il suffit de lire dans

1. Cf. Jean Favard, *Au cœur de Paris, un Palais pour la justice*, Gallimard, Paris, 1995.

la pierre. Dans le périmètre du Palais se trouve la Sainte-Chapelle, construite par Saint Louis au retour d'une croisade pour abriter les reliques de la couronne d'épines du Christ. Des parties médiévales, où des jugements sont rendus depuis des siècles, jouxtent des étages Renaissance et des bâtiments du XIXe siècle. L'histoire est présente à chaque pas. Des événements considérables se sont déroulés entre ces murs. Les souvenirs sont parfois douloureux, comme le procès Dreyfus, les sections spéciales de Vichy ou l'éviction des magistrats et avocats juifs sans résistance de la part de leurs collègues[1].

Dans cette petite ville au cœur de la ville, l'esprit de la Justice souffle en permanence. Les salles d'audience sont écrasantes de décorum : peintures, moulures, dorures, statues. Tout est allégorique, avec une dominante baroque. C'est un théâtre symbolique. L'architecture est au service de « la projection judiciaire » : elle incite au transfert de la douleur et de l'agressivité des victimes. L'Institution leur sert de totem et tente d'organiser la réparation.

Les pièces d'apparat sont sublimes. La première chambre de la Cour de cassation offre

1. Robert Badinter, *Un antisémitisme ordinaire : Vichy et les avocats juifs, 1940-1944*, Fayard, Paris, 1997.

une débauche de dorures sous six mètres de hauteur de plafond. La Seine enserre le Palais entre ses bras ; le mobilier et les tapisseries des chefs de cour appartiennent au mobilier national. Notre système de pouvoir est incarné dans ces lieux. La République a investi les palais royaux. Le peuple a pris le pouvoir absolu des monarques de droit divin. Il occupe la place.

La cité judiciaire remplit toute la largeur de l'île de la Cité. La Justice est au cœur de Paris. Le Palais compte vingt-cinq kilomètres de couloirs. C'est un dédale de galeries immenses, dont personne n'a pensé à dresser les plans avant la fin des années quatre-vingt-dix. Des dizaines de milliers de mètres carrés sont perdus. Comme beaucoup d'institutions françaises, le Palais de Justice est physiquement encombré par son histoire. Ainsi la tenue des registres d'état civil y a longtemps été une activité fondamentale. L'époque est révolue, mais pendant longtemps personne n'a imaginé déménager ces documents, que l'on pouvait sûrement entreposer ailleurs. Alors que le moindre mètre carré s'achète à prix d'or dans l'île de la Cité, des étages entiers du Palais de Justice sont occupés par des archives...

Le degré zéro

Dans l'ordre des priorités, la galerie financière occupait naturellement une part modeste au Palais de Justice, en plein nord, coincée entre un petit carré de bâtiments et la cour du Dépôt. Il était impossible d'ouvrir les fenêtres à cause des cars de police stationnés dans la cour, dont les moteurs tournaient au gasoil et dégageaient une fumée noire. Il faisait trente-cinq degrés l'été et froid l'hiver. Mon cabinet d'instruction était une petite pièce de dix-huit mètres carrés, la taille d'une chambre de bonne. Les lieux me tenaient le même discours que la présidente du tribunal : l'activité déployée à la galerie financière était marginale et sans importance.

Sur un plan matériel, la situation était presque comique. Nous étions en 1993. Le moindre gérant d'un magasin de chaussures possédait déjà un ordinateur pour sa comptabilité et son courrier administratif. Les PME utilisaient des ordinateurs de traitement de texte avec imprimante, achetés dix mille francs pièce toutes taxes comprises, en vente dans les hypermarchés. Par cercles concentriques, toute l'activité économique était informatisée. Les marchés financiers fonctionnaient vingt-quatre heures sur vingt-quatre, reliés par satellites. Les téléphones portables avaient fait leur apparition.

Et je découvrais un cabinet d'instruction financière sans fax, sans Minitel, avec des téléphones antiques et une machine à écrire Olivetti qui avait coûté douze mille francs à l'administration, comportait seulement quatre cents signes de mémoire (à peine un paragraphe de ce livre), faisait un bruit infernal et mobilisait du carbone et un tube de blanc pour corriger les fautes de frappe ! Deux mois plus tôt je travaillais à Bercy, dans la ruche high-tech de l'administration des Finances. Tous les beaux discours du monde ne valaient rien face à ce contraste. Notre travail n'intéressait personne.

La justice selon Ubu

Je ne pouvais pas me résigner à des conditions pareilles. Si j'acceptais sans rechigner le stock de carbone et de crayons à papier que l'on avait posé sur ma table, je pouvais faire une croix sur la culture de l'efficacité que j'avais découverte au CIRI. J'ai rencontré des collègues travaillant au service informatique et j'ai compris la logique infernale dans laquelle la Justice s'était empêtrée. Un grand projet de chaîne pénale informatique, pharaonique et globale, était en chantier depuis dix ans. La Chancellerie avait déjà déboursé des sommes folles. L'affaire, il est vrai, avait été confiée à « un magistrat qui s'intéressait à l'informatique »...

Nous connaissons depuis le résultat : le système a fini par être mis en service pour trois milliards de francs[1]. Archaïque, aussi peu convivial que possible, il n'est même pas sécurisé. J'ai fait venir au début de son installation un professionnel en informatique qui n'avait rien d'un grand « hacker ». En moins de trois minutes, il a pénétré le système en bloquant les mots de passe. Pour signer l'opération, il a modifié les peines prononcées contre un prévenu. J'ai demandé à une collègue d'en être témoin. Nous avons dressé un procès-verbal de la démonstration pour le transmettre à notre hiérarchie, avec la preuve matérielle : deux fiches signalétiques différentes pour la même personne, émise à l'intention du casier judiciaire national automatisé[2].

Nous attendons encore la réponse...

Quatre ans plus tôt, en dix-huit mois et pour moins d'un milliard de francs, la Bourse de Paris

1. Voir *Justice*, n° 137, février 1993, « Un abattoir de la Villette place Vendôme ».

2. Que le lecteur se rassure, nous avons rétabli aussitôt la fiche d'origine.

a réalisé le système RELIT[1], entièrement sécurisé avec deux cent soixante entrées. Mais ils avaient confié l'affaire à des professionnels et non à « un agent de change qui s'intéresse à l'informatique ».

C'est donc à cause de ce grand projet de trois milliards qu'en 1993 il était impossible à un juge d'instruction de disposer d'un ordinateur à huit mille francs. J'ai rangé la machine à écrire dans mon placard sans même ouvrir le carton et j'ai emprunté l'ordinateur de ma fille, qui avait fait une école de commerce. C'est avec lui que, pendant deux ans, nous avons saisi les interrogatoires. Un ami bidouilleur m'a aidée sur un vieux Macintosh, avec un logiciel de base de données en vente dans le commerce, à créer un programme très simple de gestion de cabinet pour gérer les délais, lister les procédures, prendre des notes et fixer des mémos. En fin de journée, nous organisions, ma greffière et moi, des démonstrations pour mes collègues, émerveillés par les possibilités de l'informatique[2].

1. Système informatique français de Règlement et Livraison des Titres complété en 1994 par le nouveau système de négociation pour 250 millions de francs.

2. Des initiatives locales ont permis des développements remarquables, comme le logiciel IAO, Instruction assistée par ordinateur, qui permet, à partir de la numérisation de

J'ai installé le Minitel que j'avais chez moi. Cela n'était encore venu à l'idée de personne de brancher un Minitel pour trouver un numéro de téléphone inconnu plutôt que d'envoyer une réquisition à la police et d'attendre la réponse ! Les soirs de lassitude, j'essayais d'imaginer ce que pourrait être une instruction avec le dixième des moyens informatiques de la direction générale des Impôts : la recherche par mots clés, les moteurs de recherche, le recoupement des flux, l'analyse syntaxique... Mais autant écrire des romans de science-fiction. Le lendemain, il fallait rentrer dans le même bureau étroit, avec mon vieux téléphone marron.

Des mots, encore des mots

J'ai acheté un fax sur mon argent personnel. Ce n'était pas une question de confort, mais d'efficacité. Le Code pénal permettait de convoquer un mis en examen par télécopie. Cela prenait

---

dossiers d'instructions, de gagner un temps considérable dans l'exploitation des données qui figurent dans les procédures les plus volumineuses. D'un simple clic, il est possible de naviguer dans le dossier et de procéder à des rapprochements qui demanderaient, pratiqués manuellement, des jours de recherche.

trente secondes et coûtait soixante centimes. Pour une lettre recommandée avec accusé de réception, nous aurions perdu une demi-heure de manipulations entre le bordereau et la poste interne, et cela aurait coûté vingt-sept francs.

J'ai décidé d'installer un filtrage pour mon téléphone, c'est-à-dire de ne pas prendre les appels moi-même (pour définir une hiérarchie des urgences) et de faire appeler mes interlocuteurs par le greffier (pour ne pas perdre de temps entre le standard et le secrétariat d'un avocat d'affaires, par exemple). Le filtrage m'a permis de gagner une demi-heure à une heure de travail par jour. Parmi les magistrats, cette manière d'agir a choqué. Mes collègues prenaient cette initiative pour une marque d'arrogance : « Mais pour qui se prend-elle ? » Je devais leur expliquer mes raisons. Ils n'étaient pas habitués aux méthodes de productivité de bureau.

Il me serait facile d'aligner des exemples comme celui-ci sur plusieurs pages. Ces premiers souvenirs peuvent paraître prosaïques. Mais l'anecdote dépasse la question de l'intendance. À l'époque, le dossier Péchiney était à l'instruction. Les difficultés du Crédit lyonnais étaient connues : un rapport parlementaire de 1994 avait dénoncé « les graves défaillances de gestion et les pratiques délictueuses » dans certaines filiales, « l'amateurisme » de la gestion, laissant apparaître la crainte de malversations très importantes[1]. Et personne, ni le chef du gouvernement, ni le garde des Sceaux, ni même le président du tribunal ne s'est dit : « On ne peut pas instruire des affaires comme celle-là, qui se sont déroulées dans l'univers ultra sophistiqué des grandes banques internationales, portant sur des montants à dix zéros en donnant simplement l'affaire à un juge, avec dix-huit mètres carrés de bureau, des stylos à bille, du papier carbone et un exemplaire du Code pénal. Il faut affecter des moyens à ces enquêtes, à la hauteur des sommes détournées. » Cela prouvait, sinon leur volonté d'étouffer l'affaire en amont, du moins leur aveuglement devant la réalité du terrain.

Se remettre en cause

Cinq ans plus tôt, j'aurais maugréé dans mon coin mais je me serais adaptée à ces conditions de travail archaïques. En sortant du CIRI, le contraste était insupportable. Pourquoi l'État

1. Rapport de la commission d'enquête sur le Crédit lyonnais publié au *Journal officiel* le 6 juillet 1994.

offrirait-il tous les moyens aux uns, en l'occurrence les fonctionnaires de Bercy, pendant qu'il laisserait les autres se débattre dans le vide ? Je pensais que les magistrats, collectivement, étaient responsables de cette situation. Enfermés depuis l'École de la magistrature dans le moule des habitudes et de la lassitude, beaucoup de mes collègues se concentraient sur leur travail sans remettre en cause les méthodes.

J'étais par exemple choquée par la manière dont nous accueillions les avocats. Jusqu'à l'année dernière, les avocats d'une personne mise en examen ne pouvaient pas consulter le dossier d'instruction sans que le juge le veuille bien et soit présent. Pour accéder à ce droit fondamental, non seulement ils devaient se plier à notre emploi du temps, mais lorsque la permission leur était accordée, on les installait dans le couloir, au milieu du brouhaha, sur de vieilles tables en métal. Ils n'avaient pas le droit de faire des photocopies sur-le-champ parce qu'il existait une taxe par copie délivrée, versée à la collectivité des greffiers, via un fonds de concours. Dans les dossiers de la galerie financière, un avocat de renom peut facturer à son client plus de trois mille francs son heure de travail et devait pourtant s'accommoder de ces conditions. Dans le seul dossier Elf, plus de soixante avocats étudient les cinquante tomes de l'instruction. J'ai même photographié les lieux pour illustrer un rapport. De guerre lasse, on a fini par me concéder un agent d'exécution pour que les avocats puissent venir travailler dans un bureau quand ils en ont besoin et sans devoir attendre une disponibilité dans mon emploi du temps, entre deux interrogatoires ou deux perquisitions.

Il doit exister quelque part au Palais de Justice, au fond d'une armoire métallique, un dossier dans lequel on a entassé toutes les notes sur l'organisation du travail que j'ai envoyées à ma hiérarchie depuis six ans... J'ai commencé la semaine de mon installation et je continue dès que j'observe une pratique archaïque et choquante. Ce qui, dans une entreprise, prendrait trois heures avant d'être tranché nous occupe pendant des années. Malgré les sarcasmes, je serai la dernière à abandonner cette guerre des crayons.

Quelques victoires

Au départ, mon activisme a été bien vu par mes collègues les plus proches. Dans une communauté humaine, il faut toujours un franc-tireur. Les changements qu'il arrache profitent finalement à tout le monde. Je les amusais beaucoup. J'essayais de tirer parti de toutes les situations. Un matin, j'ai vendu ma voiture par petites annonces à un architecte d'intérieur. Nous avons pris un café ensemble. Il a accepté de venir faire gratuitement des plans d'aménagement de mon petit bureau. Les autres magistrats étaient conquis.

Il faut dire que nous sortions d'une mésaventure éclairante. L'administration avait récupéré quelques dizaines de milliers de francs pour « rafraîchir » nos bureaux. Nous avons vu arriver un contremaître sorti d'une bande dessinée de Tardi, avec un gilet en laine sans doute tricoté par sa maman. Il a retapé le couloir à son idée : une peinture entre le jaune et le marron, d'un mauvais goût merveilleux, et des néons partout. C'était une jolie parabole : on posait le décor des années cinquante au début des années quatre-vingt-dix. Avec un peu de chance, nous pouvions espérer l'arrivée des lampes halogènes pour le milieu du XXIe siècle.

Au fil des mois, la médiatisation de nos enquêtes a braqué les projecteurs sur ces conditions matérielles en décalage complet avec l'ampleur des dossiers. M6 est venue pour le magazine « Capital » filmer un court reportage qui a fait sensation. J'ai reçu aussitôt plusieurs dizaines de lettres de soutien de magistrats. Rien n'a bougé. Une année plus tard, j'ai décidé de donner un entretien à *La Tribune*, un journal économique, où je protestais encore contre la situation. Alors qu'elle avait été enregistrée un mois plus tôt, l'interview est paru le matin où nous perquisitionnions le siège du Crédit lyonnais. Je n'avais pas prémédité ce raccourci (le journal ne m'avait pas prévenue de la date de parution), mais bien sûr personne n'a voulu me croire. Je n'ai jamais su si c'était un hasard ou si le journaliste Laurent Chemineau avait bénéficié d'une indiscrétion[1].

L'effet d'amplification a été redoutable. Pour la façade, la garde des Sceaux, Élisabeth Guigou, s'est offusquée : « *Il y a beaucoup de besoins anonymes, non exprimés, dans des affaires non médiatiques, qui doivent mobiliser les moyens de mon ministère*[2]. » Cette formule mériterait d'être encadrée dans tous les bureaux de l'administration. Pour-

1. *La Tribune*, 12 novembre 1997, article de Laurent Chemineau.
2. *Le Figaro*, 14 novembre 1997.

quoi en effet satisfaire des besoins exprimés quand il en existe qui ne le sont pas ?

Dans les coulisses, c'était l'affolement. J'ai été convoquée le jour même par le vice-président, qui m'a sommée d'accepter immédiatement un autre bureau : « Vous marchez en dehors des clous. » La pièce que l'on me proposait, à peine plus grande, ne résolvait pas mes problèmes. J'ai refusé. Le soir même, le président du tribunal s'est déplacé jusqu'à mon bureau. À son regard, j'ai compris qu'il n'était jamais venu dans ce couloir. Plusieurs collègues avaient décliné mon invitation de constituer un petit comité de réception. Nous aurions été plus forts unis. Mais les magistrats préfèrent les confrontations feutrées, en tête à tête. Laurence Vichnievsky, elle, n'a pas hésité. Toutes les deux, nous avons expliqué au président d'alors notre situation. Je crois qu'il l'a comprise.

À partir de là, tout a changé. Brusquement, il n'y avait rien de plus urgent que de constituer un pôle financier !

Lorsqu'il s'agit de communiquer et de construire une vitrine, le ministère ne lésine pas sur l'argent. Avec plus de marbre qu'il en a sans doute fallu en son temps pour le siège de la BERD, on nous a installés dans des bureaux fonctionnels et luxueux qui ressemblent à ceux d'une banque d'affaires.

Nous n'en demandions pas tant.

Les conditions matérielles sont évidemment meilleures et prouvent que les institutions peuvent changer. Notre espace vital n'a plus rien à voir. Nous disposons de deux bureaux par cabinet d'instruction. Les pièces sont équipées en informatique. Nous pouvons compter sur des assistants spécialisés, des douaniers, des inspecteurs de la Banque de France ou des fonctionnaires de la COB en détachement et sur des assistants de justice, de jeunes étudiants en fin de cycle qui travaillent à mi-temps.

J'ai souligné à l'époque deux symboles étranges. D'abord que l'on ait choisi de nous éloigner du Palais de Justice. D'autres solutions étaient possibles. Le ministère a préféré délocaliser les affaires d'argent comme si ces dossiers ne relevaient pas de la justice traditionnelle. Lorsque le Sénat ou l'Assemblée nationale ont besoin de nouveaux locaux, des solutions de proximité sont trouvées. Cela paraîtrait absurde d'installer des commissions d'enquête parlementaire à l'autre bout de Paris. Pour la justice financière, c'est possible. Avec l'éloignement nous avons perdu ce contact informel, si précieux, au détour d'un couloir ou d'un hall, avec les magistrats du palais, ce qui fractionne le traitement judiciaire et nous isole.

Pratiquement dans le même temps, l'administration pénitentiaire, qui est une direction du ministère de la Justice, quittait la place Vendôme (proche de nos nouveaux locaux) pour s'installer à proximité du Palais de Justice, rue du Renard. Nous aurions pu échanger nos bureaux. Mais il s'agissait sans doute de l'un de ces fameux *besoins anonymes non exprimés* dont l'administration française a le secret.

J'ajoute, de manière plus anecdotique, que la vie nous a fait un joli clin d'œil. Alors qu'il est de bon ton de critiquer, sur un ton pincé, les « instructions médiatiques », la chancellerie n'a pas trouvé d'autre lieu disponible pour nous installer que l'ancien immeuble du *Monde*, le quotidien le plus prestigieux du pays...

De l'air !

Le déménagement n'a pas insufflé à l'organisation plus de dynamisme. Selon nos bonnes habitudes, nous n'avons pas pris d'architectes pour nous aider à réfléchir à la manière d'organiser l'espace[1]. Il est connu que les magistrats sont aussi bons en architecture d'intérieur qu'en informatique. Puisque nous avons la science infuse, autant qu'elle serve. Des réunions à cinquante ont été organisées. Et puis l'administration a tranché.

Je ne citerai qu'un exemple de contresens, qui éclaire la philosophie générale. En plus de mon greffier, j'avais obtenu pour l'assister un fonctionnaire d'exécution, « de catégorie C ». Le cabinet comporte plusieurs dossiers de trente mille pages et chaque feuille doit être notée, numérotée. Il y a des centaines de milliers de photocopies à délivrer. J'étais heureuse de pouvoir décharger mon greffier de ce travail-là.

Objectivement, c'est une fonction qui n'était pas enthousiasmante. Le niveau élémentaire du management, c'est être capable de se rendre compte qu'une tâche répétitive — faire des photocopies ou coter des pages de dossier — devient moins rébarbative si l'employé comprend le sens de ce qu'il fait. Je me souviens d'une réunion au Trésor où les chefs de service avaient été « brie-

1. Habituellement, la conception de nouveaux bureaux commence par une phase d'enquête et de programmation.

fés » en ce sens. Tous les cadres avaient été envoyés en formation.

Au Palais de Justice, j'essayais de parler tous les jours avec cette jeune femme, de lui donner de temps en temps des choses plus variées à faire, de lui expliquer comment nous avancions et de la remercier de son aide. Je me souvenais de mon passé de secrétaire. Les gens qui travaillent isolés dans un bureau ont besoin d'un minimum de convivialité. On ne peut pas être heureux tout seul en tamponnant des feuilles.

Dans les nouveaux locaux, nous avions suggéré avec Laurence Vichnievsky que l'on place un fonctionnaire de catégorie C tous les deux bureaux de greffiers, afin qu'ils puissent partager leur temps entre les cabinets des juges d'instruction et participer à la vie commune. On a préféré créer un « pool pour les C », au nom de l'uniformité. C'est autant de richesse humaine en moins. Nous tolérons une organisation bureaucratique, héritée de l'après-guerre. Les plus beaux plans de modernisation de la Justice et quelques milliards en plus ne suffiront pas sans une profonde révolution dans les mentalités.

Je reconnais aujourd'hui le chemin parcouru. Mais je vois surtout le gouffre qu'il nous reste à combler. Christian Sautter, l'ancien ministre des Finances, confiait, en quittant l'administration :

«J'en ai assez de la lenteur de l'État. Pendant trente ans, j'ai couru tous les jours un marathon[1].»

À la Justice, ce n'est pas un marathon qu'il aurait eu l'impression d'effectuer, mais une course de tortue.

Certains soirs, je me sens découragée. La petite guérilla bureaucratique que je mène depuis six ans m'a été souvent reprochée à l'intérieur du Palais. La sagesse aurait voulu que je calme mes ardeurs. À l'hôpital psychiatrique, j'avais appris que, pour être compris, chacun doit rester dans son registre légitime. Or la médiatisation a changé mon statut dans le regard des autres. Lorsque j'envoie une note à ma hiérarchie, elle n'est plus reçue comme la récrimination d'un juge de base, mais comme le caprice d'une star qui se croit tout permis. À mon insu, le principe hiérarchique ne joue plus.

1. *La Croix*, le 25 avril 2000.

Comment j'ai découvert les crimes d'argent

En 1992, j'avais pris la suite d'un cabinet d'instruction bien géré, où tout était en ordre, avec seulement vingt-six dossiers en cours : pour la plupart des affaires modestes, quelques contrefaçons de marque, des petits faussaires et des abus de biens sociaux sans grande conséquence. La délinquance d'argent n'était même pas une vraie spécialité. J'ai rencontré, dans les premiers mois, un magistrat qui est venu me voir le soir, en confiance, pour me demander pourquoi les fonds propres figuraient au passif d'un bilan — ce qui est une des bases de la comptabilité. Il n'était pas fautif : dans le meilleur des cas, la formation en la matière avait duré quinze jours en tout et pour tout.

Ces délits étaient considérés comme des actes mineurs. Notre système pénal est polarisé sur la délinquance de malheur et le trouble apparent à l'ordre public. Les instructions financières passaient pour attirer les amateurs de tranquillité.

Après dix ans de procédures, un tribunal prononçait une peine avec sursis et infligeait une amende symbolique. Et tout rentrait dans l'ordre.

Un changement d'atmosphère s'était néanmoins produit grâce à la loi sur les faillites de 1985[1]. La crise économique avait entraîné des dépôts de bilan en série. Quelques professionnels du conseil en entreprise et une poignée d'hommes d'affaires en avaient profité pour conquérir des fortunes douteuses en utilisant des lacunes de la loi. Ces prédateurs récupéraient pour un franc symbolique des structures miraculeusement vidées de leurs dettes par le dépôt de bilan, qu'ils revendaient ensuite filiale par filiale. Certaines faillites apparaissaient frauduleuses. Devant les abus, le législateur a renforcé le rôle du parquet dans les procédures collectives devant les tribunaux de commerce. C'est dans ce cadre que j'ai effectué ma première formation financière.

Une nouvelle génération de magistrats s'était trouvée brutalement confrontée à la vie des

1. Loi du 25 janvier 1985 n° 85-98 relative au redressement et à la liquidation judiciaire des entreprises.

entreprises, à essayer de distinguer entre les difficultés de trésorerie passagères et une situation irrémédiablement compromise. Nous avons dû apprendre, et cette initiation nous a ouvert les yeux. Mes collègues s'étaient frottés aussi aux tribunaux de commerce. Ils voulaient que les choses aillent plus vite et que les délits soient vraiment réprimés. Tout était à repenser. Dans l'affaire la plus importante que j'ai trouvée dans mon cabinet, l'expertise était en cours depuis cinq ans. Au CIRI, j'avais travaillé avec des gens capables de faire une analyse complète des comptes en dix jours...

Une vraie rupture

Au même moment, une révolution de velours avait lieu à la brigade financière de la police judiciaire. Jusque-là, l'essentiel de son travail avait consisté à exploiter les rapports des administrateurs judiciaires à l'occasion d'une banqueroute : la voiture du boulanger avait disparu au moment du dépôt de bilan et la brigade devait chercher sa trace. C'était un travail policier fait pour ceux qui aimaient plus les papiers que l'action. La brigade avait la réputation, fondée ou non, d'accueillir, à côté de fonctionnaires compétents et sérieux, des personnages folkloriques et quelques dépressifs.

Mais les temps avaient changé. Une nouvelle génération de policiers arrivait à la brigade, mieux formée. La crise économique avait attiré vers la police des milliers de candidats plus diplômés que les précédents. Le commissaire qui a suivi de bout en bout le dossier Elf avait vingt-neuf ans au début de l'enquête et sortait d'une faculté réputée.

Une nouvelle direction avait pris la tête du service. Le patron était un jeune commissaire. Il avait fait Saint-Cyr. Son adjoint[1] venait de la brigade criminelle. C'était à la fois une tête (dotée d'une excellente connaissance des procédures) et un homme d'action (frotté aux méthodes de la police). Ils formaient un duo de haut niveau.

Il suffisait de pousser la porte

De part et d'autre, tout était prêt pour le changement. La situation était mûre. Nous avons été les instruments des événements. La vieille écorce de la justice financière craquait

1. Devenu depuis le patron de la brigade financière.

sous la poussée de la déréglementation des marchés. On ne pouvait plus traiter la délinquance d'argent à la fin du XXe siècle, au temps des bourses en réseaux, comme à l'époque des comptables en manches de lustrine. L'irruption spectaculaire des instructions financières était inévitable. Si nous avions hésité à franchir le pas, d'autres collègues, six mois ou un an plus tard, l'auraient franchi dans d'autres affaires.

L'augmentation du nombre des enquêtes à la galerie financière[1] a été si rapide que l'on a pu lire ou entendre que notre action était préméditée. On a agité le spectre du « complot » ou de « l'internationale des juges ». Une collègue a entendu cet hiver le président d'un grand tribunal de province expliquer, l'air grave et entendu, que la « mafia blanche » (c'est-à-dire les juges financiers) était plus puissante que la « mafia noire ». Diable !

Lorsqu'une situation vous échappe, il est rassurant de trouver une explication. Depuis dix ans, certains hommes politiques cherchent une justification simple au retournement de la Justice à leur égard. Mais en traquant le complot,

1. Dossiers Pechiney, Tapie, Crédit lyonnais, l'ARC, Comptoir des entrepreneurs Eurotunnel, Ciments belges, Ciments français, Elf, etc.

ils ne trouveront rien. Un lecteur attentif de la presse était bien plus avancé que moi dans sa conscience de l'ordre du monde. Je vivais dans ma bulle, entre ma maison et mon travail. J'avais été façonnée par mon parcours au sein des institutions. À Évry ou au Trésor, j'avais connu la vieille génération des hommes et des femmes dévouées au bien public, psychiatres, fonctionnaires, gendarmes, industriels ou magistrats, investis dans leur métier, libres et honnêtes, à mille lieues de l'univers des délinquants financiers que j'allais découvrir.

Bien sûr, lors de mon passage au CIRI, certains chefs d'entreprise m'avaient confié qu'ils souffraient de la corruption et qu'il fallait parfois payer pour obtenir une ordonnance au sein des tribunaux de commerce. Je ne savais pas quel degré de confiance accorder à ces confidences. Je pensais naïvement qu'il s'agissait de fautes individuelles et exceptionnelles, à la marge du système[1].

Lorsque, entre magistrats, nous parlions de l'impact des premières « affaires » politico-financières, j'expliquais que leur instruction démon-

1. Cf. Rapport François Colcombet/Arnaud Montebourg n° 1038, commission d'enquête sur l'activité et le fonctionnement des tribunaux de commerce, *JO* du 3 juillet 1998.

trait que les institutions du pays fonctionnaient bien, que la Cour des comptes faisait son travail, et qu'après tout c'était plutôt un signe de bonne santé.

En rencontrant aujourd'hui des magistrats français ou étrangers qui traitent les mêmes dossiers, je m'aperçois que nous avons tous partagé le même aveuglement. Sans doute parce qu'un magistrat adhère naturellement à une image idéale de la société. Le Code pénal est son instrument de travail : il imagine toujours que la loi est plus respectée qu'elle ne l'est. Nous n'étions pas des Torquemada de la grande Inquisition espagnole, obsédés par le mal, nous étions plutôt comme Fabrice, le héros de *La Chartreuse de Parme* de Stendhal, des inconscients qui ne savaient pas qu'ils étaient au cœur du champ de bataille.

Le tabou

L'image la plus juste pour expliquer la multiplication des instructions financières est sans doute celle d'un bâtiment dont la porte resterait obstinément fermée. Pendant des décennies, les magistrats sont passés devant le mur de la grande délinquance financière sans oser franchir le seuil. Et puis, un jour, ils ont trouvé une clé : derrière la porte, un univers inconnu s'est ouvert à eux, et d'autres portes encore, qu'il leur a fallu pousser. De pièce en pièce un labyrinthe est apparu, plus étendu et plus complexe que tout ce qu'ils avaient pu imaginer. C'est l'histoire de ce bouleversement de l'institution que je veux raconter aujourd'hui.

Chacun d'entre nous a avancé selon son tempérament et les dossiers qu'il a eu à traiter. Pour ma part, j'ai trouvé en chemin six clés qui m'ont permis, à chaque fois, d'aller un peu plus loin.

À peine installée dans mon bureau, j'ai senti que je devais traiter les délits financiers comme tous les autres délits. Quand un braqueur pointait un pistolet d'alarme sur la tempe d'un gérant de station-service pour lui soutirer six mille francs, il était poursuivi de manière méthodique et condamné à cinq ou dix ans de prison. Mais quand un dirigeant de société, avec un ordinateur et son cerveau, détournait cent millions de francs, la Justice l'entourait d'un luxe de précautions : longues enquêtes préalables, auditions en catimini de quelques seconds couteaux, demandes de renseignements administratifs, expertises interminables...

Pendant huit ans, à Orléans et à Évry, j'avais

suivi des instructions menées contre des délinquants ordinaires. Je connaissais les méthodes d'enquête qui donnaient des résultats en matière criminelle : les écoutes, les filatures, les perquisitions, les gardes à vue, les mandats d'amener. Je n'ai pas hésité à appliquer les mêmes techniques pour les dossiers dont j'avais la charge.

C'était la première clé.

Aujourd'hui, je me rends compte du tabou que j'ai brisé. Je n'en ai pas eu conscience à l'époque. J'avais huit ans de parquet derrière moi ; j'avais goûté à la pomme de l'efficacité au Trésor ; cela me paraissait dans l'ordre des choses et correspondait au principe d'égalité devant la loi, qui est fondamental. J'ai pourtant rapidement senti le trouble que je provoquais. J'avais quitté les rivages ordinaires de la Justice. Lorsque j'étais substitut du procureur et que je poursuivais des dealers, c'était une situation acceptée par tout le monde. À Évry, j'avais ainsi requis dix ans de prison contre les membres d'un réseau pakistanais chez qui on avait trouvé huit kilos d'héroïne. Des milliers d'études de cas remplissaient les étagères des bibliothèques juridiques. Les archives du tribunal regorgeaient de jugements rendus dans des affaires du même type : les enquêtes se déroulaient dans le consensus de l'Institution.

Mais tout ce qui était admis pour les trafiquants de drogue devenait soudain scandaleux appliqué aux corrupteurs et aux corrompus.

Il faut se rendre compte qu'en 1994 aucune instruction d'envergure en la matière n'était encore arrivée jusqu'au jugement devant un tribunal français. Seuls quatre ou cinq ouvrages[1], aux tirages confidentiels, avaient été consacrés à la criminalité financière — un chiffre ridiculement faible pour l'univers juridique qui a l'habitude de produire des thèses à jet continu. L'action des juges financiers bousculait un ordre installé depuis toujours.

L'année dernière, j'ai effectué quarante perquisitions. En cinq ans, pour mon seul cabinet d'instruction, nous avons demandé deux cents présentations[2].

Ce chiffre peut paraître important, mais comparé à celui d'un cabinet en charge de la délinquance ordinaire, du terrorisme ou du grand

1. Voir notamment de Jean Cosson, un magistrat précurseur *Les industriels de la fraude fiscale*, Le Seuil, Paris, 1971.

2. Une présentation est la conduite, par la police, d'une personne devant le magistrat pour être interrogée et éventuellement incarcérée ou placée sous contrôle judiciaire. Pour les treize juges de la galerie financière, la brigade financière n'avait effectué que quelques dizaines de présentations pour les quinze années précédentes.

banditisme, il n'a rien d'exceptionnel. Ce sont juste les cartes de visites des témoins qui pesaient un peu plus lourd.

Le philosophe Michel Foucault a montré comment la Justice se polarise sur les « illégalismes de biens » (les vols, les dégradations, les attaques à main armée) tout en négligeant les « illégalismes de droit[1] ». Notre prudence vient de loin : « *En 1880, le compte général de la justice criminelle avait introduit une nouvelle catégorie de crimes, "les finesses de citadins" (escroqueries, fraudes commerciales, faillites). Il notait déjà une augmentation régulière de ces "finesses de citadins" et la faiblesse des peines qui les sanctionnaient. [...] Un siècle et demi plus tard, les informations sur les délinquants portent sur leur sexe, leur âge et leur nationalité, mais on ne sait toujours rien de leur profession. La Justice préfère ignorer la part respective des grands vautours et des petits passereaux qu'elle prend dans ses filets*[2]. »

Aujourd'hui encore, le premier niveau de la criminalité financière s'appelle « *la délinquance astucieuse* ». La langue judiciaire se garde bien de parler de « meurtres fins » ou de « viols astucieux ».

1. Voir Michel Foucault, *Surveiller et punir*, Gallimard, Paris, 1975, p. 87-91.
2. Lire le récit de Pierre Lascoumes, *Élites irrégulières, essai sur la délinquance d'affaires*, Gallimard, Paris, 1997, p. 25.

Notre difficulté à intégrer que les délinquants financiers commettent des délits *comme les autres* vient de l'héritage des Lumières du XVIIIe siècle. Ce courant philosophique et humaniste, sur lequel repose une grande partie de notre système pénal, imaginait qu'une société arbitrée par l'intérêt général et le souci d'une justice équitable éliminerait la plupart des actes criminels. Dans notre esprit, un délinquant est le plus souvent une victime de ses conditions de vie, de sa pauvreté ou de son inculture. Notre processus pénal est une forme de rédemption : le criminel reconnaît son geste, il paie sa dette par une condamnation et la société s'engage à le « rééduquer socialement ».

La délinquance financière trouble cette représentation du monde. Les hommes et les femmes qui pratiquent la corruption ou les manipulations financières ne sont pas des victimes sociales ; ce sont rarement des enfants battus ou issus de familles d'alcooliques. Leur parcours reflète au contraire une suradaptation et une aisance sociale remarquable. Notre raisonnement pénal devient ridicule lorsqu'il s'applique à des présidents de banque ou à des chefs d'entreprise qui réalisent un chiffre d'affaires de plusieurs milliards de francs.

Lorsqu'ils se retrouvent en prison, le décalage

est criant. Comme tous les détenus, ils ont un rendez-vous avec un éducateur ou un enquêteur de personnalité. Mais qui peut éduquer l'autre ? Pour quitter la prison en liberté conditionnelle, l'administration leur demande une attestation de logement et d'emploi, alors qu'ils possèdent plusieurs domiciles et une bonne soixantaine d'emplois possibles...

Au cours de ces six ans de galerie financière, j'ai souvent eu l'impression que l'architecture de la Justice avait été conçue autour d'un article préalable au Code pénal qui en donnerait le chaînon manquant : « La loi s'applique à tous, sauf à celles et ceux qui détiennent un pouvoir politique ou économique. »

Parce que c'était eux

La brigade financière m'a suivie avec enthousiasme. Les plus anciens me racontaient comment des collègues avaient auparavant l'habitude de travailler avec eux. Les policiers recevaient une commission rogatoire (un ordre de mission, en langage juridique) par la voie hiérarchique. Ils menaient l'enquête pendant deux ans, renvoyaient les résultats par le même circuit et n'avaient plus jamais de nouvelles du dossier.

C'était la bureaucratie appliquée à l'enquête judiciaire.

Avec les enquêteurs, j'ai instauré immédiatement des relations directes. Se lever à cinq heures du matin pour une perquisition et rentrer tard le soir chez soi pour onze mille francs par mois, ce n'est pas une vocation, c'est un métier, souvent ingrat et toujours anonyme. L'engagement des policiers de la brigade financière ne s'est jamais relâché. La dynamique est toujours là. Je les vois abattre sans rechigner leurs douze heures quotidiennes. Cette année, ils vont perdre soixante-dix jours récupérables qu'ils n'ont pas pris, tout simplement parce qu'ils se mobilisent pour que les enquêtes aboutissent. C'est un petit miracle, une conjonction de forces qui s'est cristallisée à ce moment-là, parce que c'était eux et parce que c'était nous. Ils ont pris un risque calculé, tout en sachant qu'ils pouvaient se retrouver du jour au lendemain affectés à la circulation. Ils ont parié sur le fait que les enquêtes allaient aboutir et que leur travail ne se perdrait pas dans les sables judiciaires.

Le commissaire principal était tout d'abord surpris de cette liberté de contact, mais il a fini par accepter que je leur téléphone librement, sans passer par la voie hiérarchique. Le Code de procédure pénale précise que le juge d'instruction dirige les opérations de police judiciaire. Je suis impatiente. J'aime connaître presque à la minute le résultat de leur travail. Je peux les appeler dix fois dans la journée. J'aime savoir ce qu'ils ressentent : leur regard est souvent juste parce qu'ils ont l'instinct de l'enquête. Ils connaissaient les lieux des perquisitions, ils ont perçu une gêne passagère chez un témoin, un détail, autant d'indices qui peuvent être le fil d'une pelote plus importante à dévider. Leur avis compte beaucoup pour moi.

Ils m'ont offert la deuxième clé.

Cartes sur table

Même dans les institutions les plus bloquées, il existe des interstices de liberté. Chacun peut faire bouger les choses bien davantage qu'il ne s'y autorise généralement. C'est pourquoi je me refuse aux considérations générales. Je crois au génie de la rencontre. Il existe toujours une porte quelque part.

Je n'ai jamais eu à regretter ma confiance dans les autres. J'ai notamment eu la chance de rencontrer des magistrats de qualité au sein du parquet financier. Le parquet, on le sait, est dépendant du pouvoir politique : il doit rendre des comptes qui aboutissent au cabinet du ministre. Lorsque certaines enquêtes sont devenues sensibles, j'aurais pu avoir la tentation de considérer le parquet avec méfiance, ou comme un adversaire. J'ai préféré jouer le jeu. Les règles sont connues et je n'aime pas les stratégies de rupture.

J'ai toujours librement communiqué avec mes collègues dans le cadre de la procédure, pour éviter qu'ils ne se retrouvent en porte à faux, et respecté leurs décisions. Je me suis inspirée des fonctionnaires du Trésor. En présentant un dossier techniquement bien ficelé, ils rendaient un éventuel arbitrage politique plus visible et donc plus gênant. Devant l'évidence, un procureur a du mal à argumenter un refus.

Nos collègues du parquet nous ont accordé la plupart des supplétifs d'enquête qui étaient nécessaires à la poursuite des instructions. Ils ont respecté la logique du dossier et non les conseils de prudence qui pouvaient leur parvenir[1].

Ce fut en tous les cas la troisième clé.

1. L'une de nos collègues, Anne-José Fulgéras, a ainsi été déplacée en dehors du parquet financier. Alors que l'indépendance du parquet est le leitmotiv des discours officiels, il existe un hiatus entre les mots et la pratique.

Un autre monde

Grâce à ces points d'appui, j'ai pu aller plus loin dans mes enquêtes. Ma vie de magistrat est devenue plus délicate. Je suis entrée dans un monde de manipulations et de violence diffuse.

J'ai dû m'habituer à un renversement complet de perspective. Je n'enquêtais pas parmi les milieux interlopes, les squats ou les ateliers mais au cœur du système, dans un univers parallèle, intimement lié à la réalité la plus honorable et la plus officielle de la société. La formation reçue à cette époque à l'IHEDN (l'Institut des hautes études de défense nationale) m'a été précieuse. J'ai aujourd'hui en tête une sorte de géographie personnelle de la société française, qui ne ressemble pas à celle que l'on présente habituellement. J'ai appris qu'il existait une sphère publique, où se joue la comédie du pouvoir et les illusions médiatiques, et une sphère protégée, où se déploient des rapports de force, parfois très violents, mais à l'abri du regard des citoyens.

Il m'a souvent été reproché d'exploiter les lettres anonymes. L'utilisation médiatique de cet argument, qui permet d'associer abusivement nos enquêtes à la délation sous l'Occupation, ne me fera pas changer d'avis. Bien sûr, la sensibilité du terrain attire les pervers et les délirants. Sur cent lettres anonymes reçues, si l'on enlève les injures antisémites, les obsédés du complot mondial, les photocopieurs fous et les radiesthésistes, seules une ou deux sont intéressantes. Ce sont probablement des petits entrepreneurs qui ont vu des travaux pharaoniques, des cadres déchus parce qu'ils avaient refusé de collaborer, quelques femmes abandonnées, des contrôleurs des impôts dont on a arrêté les vérifications.

Si je contrôle une information anonyme sur la provenance de certains fonds et qu'elle se révèle exacte, que dois-je faire ? Pendant la République de Venise, les doges avaient institué le principe de la Bocca. Tout le monde pouvait se plaindre de manière anonyme des autorités en laissant une lettre dans la bouche du Lion.

L'influence de ces courriers sur les enquêtes est marginale. Ils ne représentent un véritable intérêt que lorsqu'ils expriment un sentiment d'impuissance. Un mafieux s'arrange en effet toujours pour déséquilibrer la balance entre l'avantage qu'il vous demande et le prix à payer si vous le refusez. Un cadre de grande entreprise qui accepte de fermer les yeux sur une opération criminelle peut continuer sa carrière sans encombre. Il concède un petit bout de terrain au réseau et reçoit en échange l'aisance financière et morale, le prestige.

Celui qui s'oppose au système paie un prix incroyablement fort. Il est aussitôt humilié, marginalisé, licencié, placé sur écoutes illégales, menacé de mort. On le fait passer pour un déséquilibré. Sa voiture a un accident. Son appartement est cambriolé. Il sent physiquement une menace. J'ai éprouvé de la colère en entendant les récits de certains témoins. Pour dix secondes d'honnêteté, ils ont vécu dix ans d'enfer. Ils ont payé leur courage au prix fort. Ils n'ont pas voulu se soumettre et ont été rejetés sur le bord du chemin.

Ce sont des auditions comme celles-là qui vous font comprendre l'influence des réseaux organisés en France.

À cinquante ans, ma vision du monde a été transformée. Il m'a fallu apprendre à recomposer un autre univers mental, à petits pas. J'ai toujours cherché à digérer ce que je découvrais, à tirer les conséquences intellectuelles de ce que je vivais. J'aurais aimé préserver mon confort moral, croire encore au monde ancien que l'on m'avait enseigné, mais on n'arrête pas la mer avec ses bras. Aujourd'hui j'ai retrouvé de nouveaux repères, plus solides. Je sais qu'un nouveau monde se dessine, qui n'aura plus rien à voir avec le précédent.

C'est la quatrième clé.

1 + 1 = 3

En tant que magistrat, j'avais l'habitude de rencontrer des criminels qui reconnaissaient leurs actes. Devant une preuve accablante, une empreinte génétique qui signe son forfait, un violeur ou un braqueur passe rapidement aux aveux. Un délinquant financier, lui, n'avoue jamais, même si nous arrivons à lui glisser devant les yeux la preuve du versement illicite de plusieurs millions sur son compte bancaire. Il trouvera toujours une nouvelle fable, sans exclure l'existence d'une machination destinée à l'enrichir à son insu !

Dans son esprit, la société est un jeu de pouvoir, où les règles ne sont que l'indicateur éphémère d'un rapport de force. Ses raisons d'agir sont plus légitimes que le Code pénal. « Ce que je fais, c'est bien, donc c'est légal. » Même au cours de ses nuits de cauchemars, il n'acceptera pas de se reconnaître comme un délinquant. Le sociologue américain Edwin Sutherland, l'inventeur de l'expression « délinquance en col blanc », écrivait déjà en 1933 : « *Alors que les délinquants de droit commun reconnaissent qu'ils sont délinquants et sont considérés comme tels par le public, les délinquants d'affaires sont estimés par tous — à commencer par eux-mêmes — comme des hommes de bien et d'honneur. Selon eux, les vrais criminels sont ceux qui font les lois, car ils gênent le business.* »

Dans le jeu des affaires et de la politique, le délinquant financier a appris à jeter toutes ses forces jusqu'à la dernière minute. Rompu aux situations de conflit, il joue en virtuose de la violence verbale et de l'intimidation. Une situation désespérée peut toujours se renverser : l'instruction est une négociation qu'il doit mener pied à pied, et à laquelle il finira bien par trouver une porte de sortie. Si j'avais eu l'habitude de me fier à mes impressions, j'aurais cédé à chaque fois. Combien d'interrogatoires où j'entendais des protestations véhémentes : « Madame, je ne peux rien vous dire, mais je suis un catholique pratiquant, je jure sur la tête de mes enfants et sur tout ce que j'ai de précieux que ce que je vous dis est vrai. » Et au fil de l'enquête, nous remontions la trace de plusieurs millions de francs détournés sur des comptes personnels en Suisse. Comme si ces discours sur l'honneur ne valaient rien.

L'honneur et la duplicité, l'apparence de la légalité et la vérité du crime sont si intimement liés dans ces affaires, la négation de la réalité est telle lors de ces interrogatoires que je devais sans cesse revenir aux faits pour m'assurer que je ne fantasmais pas. Comme un prévenu me l'a glissé avec dédain à la fin de l'interrogatoire : « Il n'y a vraiment que les magistrats pour ignorer que le capitalisme français s'est construit à coups de délits d'initiés ! »

Le travail de déconstruction et de reconstruction est éprouvant. Certaines affaires sont très lourdes à porter seule. Dans le dossier Elf, face aux milliers de pages d'un dossier tentaculaire, j'ai demandé la désignation d'un autre juge d'instruction. Je pensais que travailler en équipe permettrait de répartir la pression sur plusieurs têtes.

Ce fut la cinquième clé et sans doute pour moi la plus précieuse.

Lorsque Laurence Vichnievsky a rejoint l'instruction du dossier Elf, nous devions tout inventer. Nous ne nous connaissions pas vraiment. La codésignation était une pratique courante dans les dossiers terroristes et elle s'est généralisée depuis dans les affaires financières. Mais à l'époque, de sombres augures nous donnaient entre trois et six mois avant de transformer l'instruction Elf en une guerre de tranchées, où chaque juge camperait sur ses prérogatives.

Heureusement, les situations sont plus fortes que les individus. Devant l'ampleur de la tâche, chacune d'entre nous a immédiatement trouvé sa place. Laurence était plus intégrée que moi dans le sérail de l'institution judiciaire. Elle connaissait les rouages de la Chancellerie, après un passage au cabinet de l'ancien garde des Sceaux, Pierre Arpaillange. Elle était respectée de la hiérarchie. Nos deux personnalités si différentes auraient pu se superposer comme l'huile et l'eau. Elles se sont adaptées l'une à l'autre, en se complétant.

Une instruction financière est un travail extrêmement minutieux. Il n'y a pas de raccourci. En professionnelle, Laurence sait analyser et décortiquer les rapports de force. Dès qu'elle a digéré une situation elle fonce, en sachant exactement où elle veut aller. Dans l'action, toute forme de nervosité disparaît chez elle : d'un calme olympien, elle tranche et impose sa prestance.

Nos deux bureaux sont mitoyens, ce qui nous permet de nous voir cinq à six fois par jour et de partager toutes les décisions. Travailler avec elle m'a apporté un échange continu et des idées que je n'aurais jamais eues seule. Si l'une n'arrive pas à trouver la clé, l'autre trouve l'issue. C'est une catalyse intellectuelle et humaine.

Je ne peux pas laisser en arrière-plan le fait que nous avons affronté le danger ensemble. Ceux qui ont vécu sous la menace et dans le stress savent comment ces situations intenses poussent les individus à la pointe d'eux-mêmes. Nous étions très différentes, d'âge, de caractère et de ligne de vie, mais une amitié profonde s'est nouée, qui durera au-delà de nos instructions communes.

La liberté de Genève

Il manquait une sixième et dernière clé, et elle est venue de Suisse.

Pour comprendre l'enjeu, il faut se rendre compte de la situation absurde qui est la nôtre. Les juges sont comme ces shérifs des westerns spaghetti qui voient les bandits jubiler de l'autre côté du Rio Grande : ils peuvent nous narguer sans que nous puissions intervenir.

Cette absurdité est liée à la mondialisation. Avant la crise de 1974, l'administration française fixait les prix, encadrait les taux de crédit délivrés par les banques, contrôlait les changes et maîtrisait l'évolution des marchés financiers. Jusqu'en 1989, le rachat d'une grande entreprise française par une autre devait obtenir l'agrément du Trésor. Je ne porte pas de jugement de valeur. Je constate simplement que la souveraineté économique de la France coïncidait avec ses frontières géographiques. L'État était le maître du jeu.

La mondialisation des activités financières a radicalement changé la donne. En vingt ans, la plupart des contrôles publics ont été supprimés. En France comme à l'étranger, les marchés financiers sont devenus libres. La révolution technologique permet désormais, à Paris comme à Tokyo, d'effectuer en temps réel les opérations bancaires les plus complexes à n'importe quel endroit du globe.

Chacun peut comprendre l'absurdité de la situation. L'argent est totalement libre d'aller et de venir, pendant que les enquêtes judiciaires restent confinées à l'intérieur des frontières. La coopération internationale est en effet un parcours du combattant. Les procédures ont été conçues à une époque où il s'agissait de rendre la collaboration la plus difficile possible afin de garantir l'indépendance des États. Lorsque je suis arrivée à la galerie financière, une commission rogatoire internationale (c'est-à-dire une demande de renseignements à un magistrat étranger) devait remonter jusqu'au garde des Sceaux, être transmise au ministre des Affaires étrangères, qui la communiquait à son homologue, lequel la faisait redescendre jusqu'au magistrat correspondant... Et au retour, il fallait employer la même procédure[1].

Quand une enquête ne plaisait pas aux autorités françaises, il suffisait de laisser le dossier en souffrance six mois ou un an à chaque étape, ou de négocier discrètement avec le pays en cause une enquête en pointillé. Ce circuit archaïque a été simplifié depuis, mais il reste particulièrement lourd.

Le déséquilibre de la situation est d'autant plus vif que nous assistons depuis vingt ans à la montée en puissance d'une pléiade de micro-pays, villes-États et territoires protégés *off-shore* (c'est-à-dire « hors rivages »), qui semblent pousser comme des champignons à la surface du globe financier. On estime ainsi qu'un sixième

1. Devant le parlement européen, en 1997, le substitut Gherardo Colombo a fait le bilan du parquet de Milan : sur 450 commissions rogatoires internationales envoyées, 270 n'ont pas obtenu de réponse et, pour les 180 qui sont revenues en Italie, certaines ont été attendues plus de cinq ans.

des avoirs bancaires[1] du monde est domicilié aux îles Caïmans, dans l'orbite des USA. Ce territoire de trente-cinq mille habitants abrite officiellement... plus de trente mille entreprises. La plupart d'entre elles sont des coquilles d'occasion, détenues par des prête-noms qui garantissent l'anonymat des véritables propriétaires des fonds. Ces enclaves se sont dotées au fil des dernières décennies d'un arsenal juridique qui protège, comme par hasard, la finance de tous les regards curieux. La coopération judiciaire avec ces pays n'est même pas seulement difficile : elle est sciemment conçue pour être impossible.

En somme l'argent, d'un simple tour de passe-passe, en appuyant sur la touche d'un ordinateur, peut entrer et sortir librement de Londres à Antigua, de Paris à Saint-Martin, de Francfort à Vaduz, surgir aux îles Caïmans, réapparaître à Jersey, se cacher à l'île de Man, pendant que les enquêtes judiciaires butent sur la souveraineté renforcée de ces micro-États colonisés par la finance.

Dans ce tableau particulièrement sombre, un espoir est né à Genève, il y a presque dix ans

1. Les avoirs bancaires sont les sommes déposées dans les établissements bancaires.

maintenant, avec l'arrivée au poste de procureur général d'un homme libre, Bernard Bertossa. L'une des plus grandes places financières du monde, qui a longtemps tiré sa prospérité de sa culture du secret, a accepté d'élire à la tête de son parquet un homme décidé à briser la loi du silence en matière de délinquance financière.

Une fois de plus, c'est la volonté d'un seul qui a donné l'étincelle. Dans les livres d'histoire, l'élection de Bertossa sera peut-être demain une date fondamentale. Parce que c'était lui et parce que c'était le moment. Sans son impulsion, *Mani pulite* serait resté un feu de paille faute d'éléments de preuve contre les hommes politiques et les industriels italiens, et aucune des instructions françaises ou espagnoles n'aurait pu aboutir. Les citoyens européens seraient pour longtemps encore la tête dans le sable, comme les autruches, sans rien savoir ni rien comprendre.

Pour un bon nombre d'instructions financières, l'aide de Genève a constitué une chance unique. Les délinquants français apprécient les banques genevoises, qui parlent la même langue, offrent des services financiers de qualité internationale et bénéficient, au carrefour de la France, de l'Italie, de l'Autriche et de l'Allemagne, d'un statut protégé hors de l'Union européenne. Depuis dix ans, Bernard Bertossa a sans doute fait fuir les plus gros criminels vers d'autres banques, au Luxembourg ou aux îles Caïmans[1].

Mais les traces du passé restent...

Chacun doit se rendre compte du miracle. Les contribuables du canton de Genève paient des magistrats qui consacrent des semaines, voire des mois de travail à prolonger les enquêtes des magistrats étrangers. Le traumatisme de l'or nazi, dont la Suisse porte aujourd'hui le poids moral, n'explique pas tout. Les magistrats genevois sont animés d'un idéal démocratique et européen au sens fort du mot. Ils nous aident à la manière suisse, c'est-à-dire discrète, chaleureuse, soucieuse des procédures, avec un humour élégant et une grande liberté de ton. Qui leur rend hommage ?

Les autorités françaises adoptent en regard un profil bas. Lorsqu'il a été sollicité à son tour, notre pays ne s'est pas toujours comporté avec

1. Même si le parquet général suisse à Berne estime encore à plus de quarante milliards de dollars les avoirs de la mafia russe dans toutes les banques suisses (notamment Zurich), soit le double des exportations mondiales d'armement dans le monde... (Source : *Wall Street Journal* du 6 janvier 1998.)

la même rigueur. En 1994, le gouvernement a suspendu l'extradition d'un suspect iranien soupçonné par les juges suisses d'avoir commis un assassinat. L'homme s'est envolé pour Téhéran le matin même où la procédure devait être exécutée. Les policiers suisses attendent toujours à la frontière.

En 1996, la justice belge a demandé l'aide de la France dans l'instruction d'une affaire de corruption où Dassault était mis en cause. « *Des auditions ont lieu à Paris, menées par le juge d'instruction liégeois, dans le cadre d'une commission rogatoire internationale, en présence d'un homologue français. Mais les autorités françaises mettent une évidente mauvaise volonté à la transmission des documents, suscitant une protestation de la Cour de cassation belge. Les pièces ne seront transmises que plus d'un an après leur réalisation. À cela s'ajoute un différend entre les textes des procès-verbaux français et belge. "Tout le monde verse des commissions", aurait un moment admis Serge Dassault. Mais seul le juge belge l'enregistre, le juge français s'y oppose*[1]. » En se retranchant derrière le « secret défense » dans cette affaire, notre pays n'a pas de leçons à donner à ceux qui considèrent par exemple que « *la*

1. In *Corruptions*, Pierre Lascoumes, Presses de Sciences-Po, Paris, 1999, p. 79.

protection des secrets fait partie des intérêts essentiels du Liechtenstein »[1]. Ce sont les mêmes méthodes. Je ne rendrai jamais assez justice aux magistrats étrangers qui acceptent de nous prêter un concours que la justice française leur refuse parfois par ailleurs.

Prise de conscience

Un juge d'instruction n'est pas aussi libre qu'on l'imagine. « *L'homme le plus puissant de France* » est une formule facile que l'on répète depuis Napoléon. Sans l'aide de la police, qui ne dépend pourtant pas effectivement de nous, sans la collaboration du parquet, qui nous a accordé des saisines nouvelles au fur et à mesure des découvertes, sans l'indépendance des magistrats genevois, qui ont remonté des dizaines de filières, nous n'aurions rien pu faire. Dans la réalité, nous sommes loin de l'image triomphante

1. Réponse du Liechtenstein à une commission rogatoire adressée par le procureur de la République de Châteauroux, in *La Principauté de Liechtenstein : paradis des affaires et de la délinquance financière*, rapport d'étape de la mission d'information parlementaire sur les obstacles au contrôle et à la répression de la délinquance financière et du blanchiment des capitaux en Europe.

que nous renvoient parfois les médias. Juges, procureurs ou policiers, nous avons été portés par la dynamique de ces enquêtes gigognes : chaque découverte nous entraînait un peu plus loin.

Le mouvement ne s'arrêtera pas.

Pourtant, le miracle que nous connaissons est éphémère. Il suffirait de quelques mutations, d'une coopération internationale rompue, d'une infiltration de la brigade financière pour que tout se bloque de nouveau. Mais la justice-fiction ne m'intéresse pas. Ce qui a été fait restera. Si nous devions être arrêtés un jour ou l'autre dans notre élan, d'autres magistrats prendraient le relais. C'est la force des institutions et la puissance de la démocratie. En cassant le thermomètre, on ne supprimera pas la fièvre.

L'impunité

Il existe en kinésithérapie ce qu'on appelle un point aveugle : la partie de notre corps que nous ne voyons pas. Le crime d'argent est le point aveugle de notre monde, une dimension invisible. Le retentissement des instructions financières ne doit pas faire illusion. Il s'agit seulement d'un effet d'optique. Plus de 95 % de ces délits sont impunis. Les « affaires » ne sont qu'un indicateur médiocre, à peine un carottage, qui, comme un sondage de la couche glaciaire, nous apprend vaguement ce qui a pu se passer, il y a longtemps.

Si longtemps.

Lorsque j'ai débuté comme juge d'instruction, j'aurais sans doute pris pour une paranoïaque celle de mes collègues qui m'aurait tenu ce discours. Après avoir observé au Trésor de grandes intelligences et une administration dévouée au bien commun, je n'aurais pas pu imaginer un instant que notre système politique et économique ait pu laisser dériver la situation à ce point-là. Au bout de six ans et d'une centaine d'instructions financières, j'en ai malheureusement la certitude et les preuves matérielles.

Vous en doutez ?

Alors laissez-moi vous raconter une histoire toute simple, qui pourrait commencer ainsi...

Excusez-moi, Monsieur, de vous déranger. Nous ne nous connaissons pas, mais je sais que vous êtes un cadre supérieur de valeur. Vous avez bâti votre carrière à la force du poignet. Je vous en félicite. Ne soyez pas modeste. C'est remarquable. Pendant des années vous avez arpenté les marchés à cinq heures du matin, vous avez accumulé des centaines de milliers de kilomètres en voiture, passant d'un client à l'autre. Mais aujourd'hui vous êtes fatigué, je le vois. Cette agitation vous semble absurde. Vous rêvez de plus en plus de tout arrêter pour profiter de l'existence, dans une maison en Toscane, endormie dans son jardin de cyprès. Vous avez tout calculé. Il vous faudrait dix millions net, hors impôts, là, tout de suite.

Ce rêve vous poursuit. Il est humain. Je m'amuse souvent à ce petit jeu qui consiste à estimer la somme nécessaire pour réaliser les rêves de mes amis. Les artisans du quartier d'Oslo où je suis née me répondent : « Six cent mille couronnes[1]*. Avec cette somme, je fais*

1. Environ cinq cent mille francs français.

construire un pavillon en bois, j'achète un bateau, je cultive mon jardin. » Mes amis colonels sont plus catégoriques : « Un million de francs. Là, j'achète une maison au soleil avec une piscine. » Des journalistes économiques ont fait un rapide calcul mental au cours d'un déjeuner : « Dix millions de francs. Pas un de moins. À 8 % de rendement, cela fait huit cent mille francs brut. Je pourrais vivre de mes rentes. » Mes amis industriels, eux, placent la barre encore plus haut : « Cinquante millions de francs. Là, c'est la vie tranquille. »

Chacun d'entre nous rêve à la richesse en extrapolant à partir de sa situation. Nous manquons tous cruellement d'imagination, vous verrez. Mais n'allons pas trop vite. Aujourd'hui, votre rêve, c'est dix millions de francs, là, tout de suite, net d'impôt, en liquide.

Si je vous importune, c'est que je devine votre tentation secrète... Parlons franchement, entre amis. Tout cela restera entre nous. Je sais que, sur les marchés, vous avez connu quelques hommes de peine qui n'ont pas froid aux yeux. L'un d'eux a même fait de la prison. Un autre est un as en armes à feu. Et si vous aviez la possibilité d'attaquer l'agence bancaire où vous avez vos habitudes ? Ne protestez pas ! Vous y avez déjà pensé, n'est-ce pas ? Leur manque de vigilance vous surprend chaque fois que vous y déposez de l'ar-

gent. La responsable des coffres, imprudente, vous a raconté l'autre jour qu'elle ne savait plus où mettre les nouveaux dépôts à cause d'un homme d'affaires qui leur a confié toute sa collection de tableaux. Avec trois complices sans états d'âme... il y aurait peut-être une possibilité, en profitant du déjeuner... Deux heures de stress, mais dix millions net à la clé et la Toscane est à vous !

Stop.

Désolée de vous décevoir, mais votre rêve ne tient pas debout. Statistiquement, vous avez 70 % de chances d'être arrêté et condamné. Déjà, l'attaque est risquée, même pour des professionnels du braquage. L'agence est placée sous vidéo-surveillance. Un réseau téléphonique relie directement le comptoir au poste de police le plus proche. Tout est prévu. Des boutons d'alarme à portée de pied. De faux codes d'ouverture. Et puis, ce jour-là justement, les tableaux auront été retirés des coffres. Croyez-moi, des dizaines d'imprévus peuvent transformer votre plan en cauchemar. J'ai connu à Évry un certain nombre de ratages lamentables.

Mais pardon de douter de votre baraka. Je sens que vous ne me croyez pas. Supposons donc que vous réussissiez le coup parfait... Hélas ! La Justice a encore les moyens de vous retrouver. La police scientifique va analyser vos empreintes et des dizaines de traces (les pneus, le véhicule, les vêtements, etc.). Des témoins vont parler. Les tableaux sont enregistrés, fichés. La police a suffisamment de ramifications en tout genre, dans tous les milieux, pour glaner les renseignements nécessaires et se lancer à vos trousses. Il n'y a pas beaucoup de bars louches, de marchés aux puces ou de receleurs en France qui n'abritent pas un indicateur. Il vous faudra acheter des dizaines de complicités — autant de risques de fuites. Cela prendra un mois, cinq, dix-huit tout au plus, mais le juge remontera jusqu'à vous, je le crains.

Si vous êtes arrêté, je ne pourrai pas grand-chose pour vous. Le rouleau compresseur de la répression ordinaire passera. Détention provisoire, cour d'assises, condamnation. Douze ans ferme. Vous êtes intelligent, travailleur, vous serez un bon détenu. Vous n'en ferez que six. Mais vous risquez quand même de passer deux mille cent quatre-vingt-dix jours à vous consumer dans une cellule (sans compter les années bissextiles). Cela plombe un homme, c'est sûr. Je comprends que vous hésitiez et, franchement, je ne vous le conseille pas.

Je vous sens découragé. La villa en Toscane s'évanouit. Les cyprès s'éloignent. Mais j'ai peut-être une autre solution à vous proposer...

Vous pourriez décider d'acheter la banque elle-même. C'est un petit réseau privé, bien géré, dans une niche commerciale, tout ce qu'il vous faut. Vous riez ? Vous n'avez pas d'argent ? Qui vous parle de ce que vous pouvez faire ? Je vous raconte ce que vous allez faire.

Grâce à l'appui d'un réseau d'influence ou de certaines personnalités bien placées, je peux vous indiquer la filière qui vous permettra d'obtenir les crédits nécessaires pour acheter le holding qui contrôle la banque. L'argent n'est pas un problème. Il existe des milliards de francs disponibles, prêts à s'investir. Je connais par exemple un petit groupe d'investisseurs franco-russes. Leur trésor de guerre dort dans une banque autrichienne. Il leur manque justement un intermédiaire en France...

En deux mois, vous serez P-DG de la banque. Et là, ce n'est pas dix, mais cent millions que vous allez pouvoir détourner. C'est si facile ! Vous pourrez utiliser la technique des abandons de créances[1] *: via des sociétés écran, vos amis contracteront des prêts, auprès de votre banque, à hauteur de cinq ou dix millions chacun. D'année en année, vous ferez descendre dans votre bilan comptable les dettes de vos amis de la ligne « créances à récupérer » à la ligne « créances à provisionner*[2] *». Et puis un jour, de guerre lasse, en laissant entrevoir votre colère, vous abandonnerez les poursuites. Une bonne partie des sommes vous aura été*

1. Lorsqu'une société doit de l'argent, c'est une dette ; lorsqu'elle doit en recevoir, c'est une créance.

2. Provisionner une créance est une technique comptable. On considère, dans le bilan de l'entreprise, que l'argent, finalement, ne rentrera pas ; le montant de la créance est alors comptabilisé comme une perte.

reversée depuis longtemps sur un compte anonyme à Vaduz, au Liechtenstein.

Vous pourriez aussi imaginer des montages, à la portée du premier juriste venu, à Luxembourg ou à Londres. À chaque contrat officiel une commission occulte sera prévue, qui tombera pour vous sur des comptes étrangers. Avec une carte bleue internationale, ni vu ni connu, vous goûterez aux plaisirs des petits déjeuners à Genève, des déjeuners sur le Campo de' Fiori à Rome, des jets privés et des week-ends à La Gazelle d'or, *au Maroc. Il suffira de prendre quelques précautions et de ne pas afficher en France un train de vie démesuré.*

Un matin, à force de vivre dans tout ce luxe, vous aurez envie de créer le jardin d'Éden devant vos fenêtres. Vous ferez transporter des arbres séculaires pour les planter devant votre palais toscan. Vous trouverez dégradant de poser vos fesses sur un autre siège que ce superbe canapé Régence merveilleusement restauré. Aux murs, vous ne pourrez avoir que des Courbet. Votre femme profitera de tout ce luxe. Mais les hommes sont les hommes, je sais cela. Vous trouverez une jeune maîtresse qui raffolera des bijoux Van Cleef que vous lui achèterez place Vendôme, en liquide. Vous souriez ? Attendez, je ne vous donne pas six mois avant de succomber. Vous aurez un tel charme, tellement de facilités.

Ah, j'ai une bien meilleure idée ! De quoi vous rendre réellement *riche. Parce que, de palace en avion privé, vous allez découvrir un autre monde. Tellement plus puissant. Tellement plus riche. Vous vous sentirez tout petit. C'est un sentiment désagréable, dont vous aurez perdu l'habitude. Vous pourriez élaborer des opérations croisées avec un complice dans un autre établissement financier... C'est tout simple : vous apportez cent millions au capital d'une société espagnole qui fera malencontreusement faillite quelques mois plus tard. Un an après, une filiale bancaire du même groupe versera la moitié de cette somme, sous forme de commission, sur un compte à votre nom, ouvert sur l'île de Man par le biais d'une autre opération, bien réelle, dans laquelle vous aurez joué un véritable rôle d'intermédiaire. Il n'y aura bien sûr aucune relation entre les deux virements. Juste la confiance.*

Et le montant du chèque.

Je vois que vous tombez des nues. Pourtant, ce que j'ai vu dépasse en invention et en subtilité ces pauvres petites combines de débutants. Vous pourriez aussi... Mais je ne veux pas aller trop vite. On ne réussit pas un chef-d'œuvre du premier coup, et vos nouveaux amis auront besoin de vous tester. Vous verrez, leur tutelle ne sera pas trop rude : il faudra juste vous habituer au donnant-donnant perpétuel.

Et puis l'important n'est pas là.

Le meilleur est à venir : l'impunité.

Si vous m'écoutez, vous avez entre 0,01 % et 1 % de chances d'être inquiété, arrêté et jugé. J'ai préféré dire 0,01 % pour vous laisser éprouver un petit frisson au moment de basculer dans l'illégalité, mais, de vous à moi, j'aurais pu écrire 0 %. Quant au 1 % de risque, il faut une conjonction d'éléments contraires, que je veux bien étudier avec vous afin de vous rassurer totalement.

Pour qu'un magistrat ait un jour la possibilité de vous poursuivre, la mécanique doit déjà avoir grippé quelque part. Nous ne sommes pas dans un pays où la justice pourrait se saisir d'un soupçon ou décider une vague de contrôles inopinés. Une plainte doit d'abord avoir été déposée contre vous. Quelqu'un doit se sentir lésé : or le propre du crime d'argent, c'est son insensibilité sociale. Ce ne sont pas des personnes que vous avez volées, mais des entreprises ou des organismes publics, comme le Trésor ou l'Urssaf.

Le jeu est justement de ne jamais faire apparaître le délit. L'argent s'évapore avant d'avoir été enregistré, et se perd dans les méandres des sociétés écran en même temps que des pertes bien réelles. Vous avez déclaré vos commissions à l'étranger auprès du centre des impôts : personne ne peut se douter que vous en avez fait revenir la moitié dans vos caisses noires, comme un bon-

neteur sur le quai de la gare fait passer un carré de mousse d'un gobelet à l'autre.

Bien sûr, un inspecteur des impôts peut tomber par hasard sur un mouvement douteux que vous n'aviez pas effacé de vos comptes. Plus embêtant encore, un associé machiavélique peut porter plainte et nourrir la justice de documents compromettants.

Je vous sens inquiet. Mais restez calme, rien n'est perdu. Tout se négocie — un million ici ou là, qu'est-ce que c'est ? —, et le silence s'achète (mais il faut aller vite). Vous tardez trop ? Comptez sur vos amis bien placés dans le réseau. Grâce à eux, la plainte pourra être confiée à un juge surchargé de dossiers qui n'y verra que du feu ou, mieux encore, « saucissonnée » en une dizaine d'infractions pour embrouiller la procédure.

Ce ne sont pas vos amis qui sont au pouvoir ? Vos réseaux ont un « trou » juste dans ce tribunal-là ? Vous jouez de malchance. Le juge qui instruit la plainte est un teigneux. Il perquisitionne partout.

Gardez courage !

Ne gigotez pas sur votre fauteuil... Arrêtez de transpirer. Vos mouvements de fonds ont eu la sagesse d'éviter Genève. Vous avez pensé à Luxembourg, Antigua, Londres, Bahreim et Lagos ? Alors vous êtes sauvé ! Au rythme de dix-huit mois par commission rogatoire dans chaque pays, l'instruction va traîner en longueur.

Ne faites pas cette tête... Il y aura des moments

drôles, vous verrez. Imaginez la tête de votre juge lorsqu'il recevra, au bout de deux ans, le courrier de la banque luxembourgeoise dont il attend tout :

En réponse à votre demande de levée du secret bancaire pour blanchiment d'argent, veuillez trouver les renseignements suivants :

— Titulaire du compte
n° 003145318674/32, intitulé «Sergio» :
un client de la banque.

— Identité du bénéficiaire du versement n° 654353768 :
un autre client de la banque.

En restant à votre disposition.

M. August Cramer
président du directoire
de la Luxembourg Associated
Bank limited.

Pour avoir plus de précisions, il devra envoyer une autre demande, via l'entraide judiciaire, et attendre encore deux ans. De guerre lasse, votre juge finira bien par changer d'affectation. J'ai déjà en tête une promo-

tion qui pourrait lui plaire. Vous pourriez la suggérer à vos amis.

Pour verrouiller totalement votre affaire, je vais vous conseiller de bons avocats, habiles en procédure, dans chacun des pays concernés. C'est tout à fait légal. Ils déposeront des recours et des recours sur les recours. Grâce à eux, l'instruction durera au moins cinq ans.

Pendant ce temps, vous pourrez donner quelques interviews dans la presse économique. Cinq ans de mise en examen ! La honte qui retombe sur vos proches. Votre honneur bafoué. Votre banque humiliée. Une nouvelle affaire Dreyfus. Le garde des Sceaux vous citera en exemple à l'Assemblée pour défendre son projet de loi sur la présomption d'innocence. Vous irez à la télévision verser une petite larme, avec dignité. Avec un peu de patience, vous serez bientôt en droit de déposer un recours auprès de la Cour européenne des droits de l'homme pour annuler une instruction digne de l'Inquisition. Vous serez indemnisé pour non-respect du délai raisonnable de la procédure. Bien sûr, vous ne recevrez que cinquante mille francs. Que voulez-vous, les juges n'ont aucune notion de l'argent. Mais ne vous plaignez pas trop : votre fortune, elle, continuera à fructifier à Antigua ou aux Bahamas.

Pourquoi hésiter ? Cette pénible course d'obstacles ne vous attend qu'une fois sur cent, peut-être même une fois sur mille, personne ne le sait vraiment. N'oubliez pas que le maximum de la peine encourue n'est que cinq ans ferme (un peu plus de deux ans avec les réductions de peine), pour autant de milliards que vous le désirez.

Allez sonner chez Monsieur X... Voilà l'adresse. Il n'y a que le premier pas qui coûte. Après, l'ivresse vient très vite...

Cette petite histoire n'est qu'une fiction. Pourtant, d'une manière ou d'une autre, une rencontre similaire se déroule chaque jour, aux quatre coins de l'Europe. C'est une certitude. Est-ce que, selon les secteurs économiques, cette délinquance financière a atteint 5 %, 10 %, 30 %, 50 %, voire 70 % ou même 100 % des entreprises dans certains cas extrêmes ? Nous n'avons aucun moyen de le savoir, puisque nous ne le cherchons pas. L'histoire récente nous prouve simplement qu'il est dangereux de se fier aux apparences. Dans la plupart des affaires que j'ai instruites, j'ai découvert des détournements d'une ampleur que rien ne laissait présager au départ.

Pour en avoir le cœur net, il faudrait pouvoir enquêter librement. Or plus de quatre-vingts pour cent des dossiers sont ouverts à la suite d'un redressement judiciaire et, malheureusement, les délinquants financiers ne font pas tous faillite.

Les plaintes financières aujourd'hui à l'instruction ont été déposées à la suite de découvertes de hasard ou d'erreurs manifestes commises par les délinquants. La coopération des services de l'État ne nous est pas d'un grand secours. La direction générale des Impôts préfère traiter en direct la plupart de ses contrôles : les plaintes déposées représentent moins d'un pour cent des dossiers effectivement redressés. La COB (Commission des opérations de Bourse) ne transmet chaque année, au procureur de Paris, qu'une petite dizaine de cas litigieux, alors qu'une simulation de ses services a prouvé que des établissements bancaires de notre pays pouvaient blanchir deux cents millions de francs en une seule journée sans que personne ne décèle rien d'anormal[1].

La politique de l'autruche est une tentation permanente chez les experts. Après tout, noyées dans le flot de l'économie mondiale, que représentent vraiment ces sommes à douze zéros qu'agite chaque année, comme un chiffon rouge, l'Observatoire géopolitique des drogues ? Plus les infractions sont graves et plus elles deviennent irréelles. Le fatalisme s'installe, avec son corollaire : le consentement.

1. Cf. Jean de Maillard et Pierre Xavier Grézaud, *Un monde sans loi*, Stock, Paris, 1998, p. 111.

Les économistes considèrent trop souvent l'argent sale comme une scorie inévitable de la mondialisation, la queue de comète de la révolution en cours. Je ne partage pas leur insouciance. Bien sûr, si nous comparons les estimations du *Produit criminel brut*[1] avec l'ensemble du commerce mondial, la criminalité d'argent apparaît comme un phénomène marginal. C'est qu'il ne faut pas penser en chiffre d'affaires, mais en marges nettes, directement disponibles, prêtes à être déposées aux îles Caïmans ou à Luxembourg.

Et là, tout change.

Je vais prendre un exemple simple, immédiatement compréhensible par chacun d'entre nous. Pendant mes études de droit, j'avais pris l'habitude de confectionner moi-même mes robes. Comme ces modèles avaient un petit succès auprès de mes amies et de mes collègues dans l'entreprise où j'étais secrétaire, j'ai décidé de faire un « défilé » de couture. Nous avons passé des week-ends fiévreux avec mon mari pour créer une dizaine de modèles. Un ami nous a prêté un appartement. Le défilé a été très drôle. J'en garde un souvenir merveilleux. Nous

1. Estimé par l'ONU à mille milliards de dollars, soit le PIB de la France.

avons même hésité quelques semaines à créer une vraie société de confection.

Imaginons que j'aie sauté le pas à cette époque et que, à force de travail (cela ne m'aurait pas fait peur) et de talent (c'était plus aléatoire), je sois aujourd'hui à la tête d'une PME prospère de cinquante millions de francs de chiffre d'affaires annuel. Le bénéfice avant impôt d'une société heureuse peut atteindre 10 %. Je pourrais donc aujourd'hui investir un peu plus de trois millions de francs, soit le résultat après impôts sur les marchés financiers.

Au lieu de coudre des robes, j'aurais pu aussi me porter candidate à la mairie de mon village. Imaginons encore qu'à force d'abnégation (c'est possible) et de charisme de tribun (c'est un cas d'école), je sois devenue présidente du conseil général de mon département. J'aurais pu lancer un appel d'offres tout à fait régulier pour la construction d'un ensemble sportif de prestige de 30 millions de francs. Imaginons toujours que, en cours d'exécution, les travaux aient dépassé allègrement l'enveloppe de départ. Le terrain était moins stable que prévu, des intempéries ont rallongé la durée des travaux... L'entrepreneur serait alors venu me voir dans mon bureau, seul à seul. Nous aurions renégocié le marché à cinquante millions de francs. Pour me récompenser de ma compréhension, un quart des vingt millions supplémentaires, soit cinq millions, aurait été versé, via quelques comptes étrangers, sur mon trésor de guerre dans le charmant petit village de montagne de Vaduz.

Croisons maintenant les chiffres.

Si je compare les cinq millions de francs de pot-de-vin que j'aurais pu toucher aux cinquante millions du budget final du terrain de sport ou au chiffre d'affaires annuel de mon entreprise de confection, j'arrive à un rapport de 10 %. Je peux me rassurer en pensant que cela fait toujours 90 % d'argent légal. Mais si je mets face à face les sommes qui seront finalement investies sur les marchés financiers (cinq millions pour le pot-de-vin illégal contre trois millions pour le bénéfice légal), l'argent noir sera plus important que l'argent officiel.

C'est en pensant à ce petit calcul qu'il faut jauger l'attrait de la corruption, la puissance des mafias ou les revenus de la prohibition de la cocaïne ou du haschisch. Les experts ont coutume de comparer le marché de la drogue et celui du pétrole (10 % du commerce mondial). Mais un kilo de cocaïne est bien plus rentable qu'un baril de brut. De même, lorsqu'une commission brute de six cents millions de francs est versée, la rémunération des intermédiaires financiers est faible par rapport à l'argent net immédiatement disponible, sans impôts et sans charges de structure. 85 % de l'argent est réinjecté dans le circuit *off-shore.*

La tornade italienne

Pour avoir une idée précise de la part immergée de l'iceberg des crimes d'argent, il faut procéder par analogie. Et d'abord regarder au-delà des frontières. L'Italie est une « carotte géologique » qui peut nous aider à réfléchir. Après les assassinats mafieux du général Dalla Chiesa et du juge Falcone, et alors qu'une corruption généralisée ensablait l'État, l'Italie a lancé une offensive judiciaire de grande ampleur en 1992. L'étincelle a été la plainte d'un sous-traitant qui avait refusé de verser un pot-de-vin au président d'une entreprise publique. Au-delà du racket lui-même, filmé en flagrant délit par la police, le juge Antonio Di Pietro avait décidé d'enquêter sur le patrimoine de ce dirigeant, évidemment incompatible avec ses revenus. De rebondissement en rebondissement, l'instruction a gagné toute l'Italie.

D'une affaire à l'autre, les magistrats ont instruit des milliers de plaintes, alors qu'avant 1992, la justice italienne s'était contentée d'administrer les affaires courantes. Le parquet de Rome était même surnommé *le port des brumes* : les procédures finissaient par se diluer dans un système juridique byzantin [1].

Pour reprendre l'image de l'homme qui cherche ses clés la nuit sous un lampadaire, les magistrats italiens ont soudain déplacé leur torche pour éclairer le trottoir au-delà du périmètre traditionnel : l'ensemble du système politique et économique national était atteint. La réalité de la délinquance financière dépassait de très loin les pronostics. Pour donner à un lecteur français un élément de comparaison, il faudrait imaginer un Premier ministre, Lionel Jospin ou Alain Juppé, poursuivi pour corruption et réfugié en exil en Tunisie ; un président de la République, Jacques Chirac ou François Mitterrand, dans le box d'un tribunal, accusé de complicités mafieuses, à la suite de confidences de repentis ; plus de trois mille industriels ou hommes politiques mis en examen...

L'exemple de l'Italie devrait inciter nos experts à plus d'humilité. Au début de l'année

1. Lire l'interview d'Edmundo Bruti-Liberati par Denis Robert dans *La Justice ou le chaos*, Stock, Paris, 1996, p. 263-289.

1992, la société italienne, pourtant habituée aux scandales à répétition, ne percevait que la pointe immergée de l'iceberg.

Le contre-modèle

Mes amis du Trésor refusent pourtant de voir une analogie entre la France et l'Italie : « Ta comparaison est impossible. L'Italie est le pays de la mafia et de la *combinazione.* La question sicilienne existe depuis plus d'un siècle ! Déjà à la Renaissance, les princes des villes italiennes distribuaient des miettes de leur pouvoir contre de l'or. Tu sais bien que l'État-nation n'a jamais pris dans la péninsule. La République, en France, a quand même une autre assise. »

Alors parlons de l'Allemagne.

Lorsqu'en 1997 de grands magistrats européens ont été invités à exprimer leurs craintes devant le Parlement de Bruxelles, les fonctionnaires de la Commission citaient en exemple la rigueur de la démocratie outre-Rhin. Le législateur allemand avait voté depuis longtemps un système de financement public des partis politiques. Traumatisés par la manipulation des foules du régime hitlérien, les électeurs refusaient toute débauche de moyens publicitaires lors des élections. En somme, s'il existait un système de pouvoir exempt de soupçons, il se trouvait à Berlin.

Ce modèle a été assombri par les aveux publics d'Helmut Kohl[1] et la révélation, par la CDU, de la présence sur ses comptes de plusieurs dizaines de millions de deutschemarks d'origine inconnue. Les experts du BKA (la police judiciaire fédérale allemande) estimeraient les commissions occultes dans l'économie du pays à dix-sept milliards de francs chaque année[2]. La mission parlementaire française sur le blanchiment des capitaux publie à cet égard la copie édifiante d'un rapport des services secrets allemands sur les circuits de l'argent sale du Liechtenstein. Si la Justice de Berlin se décidait à lancer une opération similaire à celle de l'Italie, personne aujourd'hui ne pourrait préjuger de son résultat. Cette affaire a détruit les belles certitudes européennes sur la distinction facile entre le nord de l'Europe, préservé de la corruption, et le sud du continent, culturellement atteint.

1. Interview à la télévision allemande du 16 décembre 1999.

2. « L'Allemagne est-elle une république bananière ? » *Die Zeit*, 8 janvier 2000.

Et la France ?

Ces deux exemples doivent nous inciter à rester prudents avant d'affirmer que la France serait à l'écart d'un phénomène qui a pu toucher une démocratie modèle comme l'Allemagne. Comment arborer la moindre certitude ? Vingt ans après la première affaire de *fausses factures politiques*, la justice française garde toujours son lampadaire braqué sur le même morceau de trottoir. Les pouvoirs publics n'ont jamais encouragé les enquêtes. Nos gardes des Sceaux successifs ont même déployé des trésors d'invention pour contenir le flot des « affaires », du plus visible (envoyer un hélicoptère au-dessus de l'Himalaya à la recherche d'un procureur en vacances mais présumé obéissant pour empêcher l'ouverture d'une information judiciaire) au plus subtil (les jeux de mutations policières ou judiciaires, les supplétifs refusés, l'engorgement des cabinets d'instruction récalcitrants).

J'ai déjà décrit la pauvreté de nos moyens d'enquête. Je ne me lasserai jamais de le répéter : pour mener à bien le dossier Elf, le bon sens suggérerait de mobiliser une dizaine de policiers et des moyens d'investigation de grande ampleur, de proposer la collaboration des services publics (services de renseignement, direction générale des Impôts, etc.) et de faire pression de tout le poids de la République sur les pays étrangers qui refusent nos demandes d'entraide judiciaire.

L'État accepte pourtant de s'être fait voler sans réagir. Nous devons traiter ce dossier comme un dépôt de bilan ordinaire. Laurence Vichnievsky et moi-même sommes chargées chacune, en plus de ce dossier, de soixante autres instructions. Et nous n'avons droit qu'à un inspecteur et demi pour retrouver la trace des milliards envolés. Notre dénuement est le symbole de la volonté française de garder les paupières closes. Ne rien voir, ne rien savoir.

Je suis frappée par le silence des grands industriels sur cette question essentielle. Prenons pourtant un indicateur incontestable. Le CAC 40 est un indice qui regroupe les quarante valeurs boursières les plus importantes de la place de Paris. Si j'isole parmi elles les entreprises qui opèrent sur des marchés où des pratiques répétées de corruption, de commissions occultes et de rétrocommissions[1] ont déjà été observées et reconnues par les principaux intermédiaires (l'énergie, la grande distribution, l'ar-

1. Une partie du versement à des intermédiaires étrangers revient aux bénéficiaires français.

mement, les travaux publics, les services aux collectivités locales), et si j'ajoute à cette liste les grandes sociétés de la banque et de l'assurance qui utilisent quotidiennement les trous noirs de la finance, j'arrive à une vingtaine de sociétés.

Sur quarante.

Plus de la moitié de nos très grandes entreprises françaises sont donc directement et quotidiennement confrontées à la délinquance financière. Je serais avide de savoir comment elles tranchent ces questions essentielles, si des garde-fous ont été mis en place, si l'opportunité d'organiser une réponse collective a déjà été discutée. Mais en dehors de quelques chartes internes lénifiantes, les dirigeants de ces sociétés restent muets. Comme si la réalité de nombreux échanges financiers était indicible à l'opinion[1].

En arrivant à la galerie financière, je pensais que nous avions affaire à une criminalité de surface, marginale, accidentelle — une sorte de défaut de morale individuelle. J'ai la certitude

1. J'ai lu avec intérêt le livre d'interviews des plus grands dirigeants économiques français par Christine Ockrent et Jean-Pierre Sérini, *Les grands patrons : comment ils voient notre avenir* (Plon). Sur les 350 pages de ce livre, seule une demi-ligne évoque la question de la criminalité financière. Comme si le problème n'existait pas. C'est le plus grand non-dit du capitalisme moderne.

aujourd'hui que la délinquance financière est incrustée dans l'économie et qu'elle jette une ombre sur notre avenir.

L'ardoise magique

La pire des réponses serait le silence ou l'amnistie. La tentation est récurrente. Notre collègue Jean-François Burgelin, lorsqu'il était procureur général de la cour d'appel de Paris, expliquait que les instructions financières créent plus de problèmes qu'elles n'en résolvent. Et l'un des plus hauts magistrats de France, Pierre Truche, renchérissait : « *Les photocopies attendent dans les placards qu'on les sorte. La question est donc de savoir si cette perspective est envisageable dans une société déjà fragilisée par ce qui se passe, puisque sont en cause des hommes politiques et des entreprises cotées en Bourse. [...] Il faut savoir, dans l'intérêt national, arrêter ce processus dévastateur en tournant la page d'une façon acceptée par l'opinion publique*[1]. » Tout effacer ? À l'inverse de ce que l'on voudrait faire croire à l'opinion, les instructions déclenchées ces dernières années concernent essentiellement des soupçons d'enrichissement personnel

1. *L'Express* du 1er décembre 1994.

et non de financement politique[1]. Amnistier reviendrait surtout à absoudre ceux qui ont manqué à la morale publique.

Une autre solution magique consisterait à réformer le Code pénal pour rendre plus difficile encore la poursuite des délits financiers. Régulièrement, la question de « la prescription de l'abus de biens sociaux » revient à la surface. C'est un débat technique, mais essentiel. La règle du droit pénal, c'est la prescription : au bout de dix ans, un criminel ne peut plus être poursuivi, même si la police découvre le 1er janvier à neuf heures de la onzième année qu'il a coulé dans le béton de sa cave le corps de sa maîtresse. Il n'en est pas de même dans d'autres pays comme la Grande-Bretagne.

Pour l'abus de biens sociaux, la prescription commence *à la découverte du délit* et non à la date à laquelle il a été commis. L'explication est simple : la plupart de ces délits sont invisibles, ils ne provoquent aucun trouble. Si votre tuteur détourne l'héritage qui vous est dû, il serait étrange qu'à votre majorité il puisse vous

1. Pierre Lascoumes le démontre chiffres à l'appui : avant 1997, on recensait 119 dossiers d'enrichissement personnel contre 30 dossiers de financement politique illégal et 18 dossiers qui combinent les deux délits, cf. *Élites irrégulières..., op. cit.*, p. 261.

répondre : j'ai tout gardé pour moi, mais c'est prescrit. En somme, voler c'est voler, reprendre c'est voler.

Dix fois, vingt fois, la réforme de l'abus de biens sociaux est revenue sur le devant de la scène. En modifiant la loi, c'est-à-dire en faisant courir la prescription à partir du moment où le délit est commis (trois ou six ans selon les propositions de réforme), le législateur redonnerait de l'air aux délinquants d'argent. Tous les détournements antérieurs à 1994 ou 1997 passeraient par pertes et profits. Les techniques de dissimulation sont tellement au point que ce délit disparaîtrait des prétoires.

La dernière tentative en ce sens a été glissée dans une proposition de loi du Sénat officiellement consacrée à la présomption d'innocence. Ce tour de passe-passe est formidable. Introduire dans un dispositif censé renforcer la présomption d'innocence, une réforme de l'abus de biens sociaux, qui vise à rendre automatiquement innocents de vrais coupables, est un merveilleux acte manqué ! Parmi les signataires de cette proposition de loi, on trouvait d'ailleurs plusieurs sénateurs mis en examen (ce qui prouve, à tout prendre, qu'ils savaient au moins de quoi ils parlaient).

L'ardoise magique ne réglerait rien.

En voulant sauver les apparences à tout prix, la République joue avec le feu. L'impunité dont bénéficie la délinquance financière dilue chaque jour davantage les responsabilités individuelles : « Puisque tout le monde le fait, pourquoi pas moi ? » De manière banale, les responsables des lieux publics savent depuis longtemps qu'un siège éventré, s'il n'est pas remplacé immédiatement, va entraîner d'autres détériorations, beaucoup plus sérieuses, au bout de quelques semaines. Les criminels d'argent en col blanc ne se comportent pas différemment des petits casseurs. L'absence de sanction accélère le sentiment d'irresponsabilité[1]. La responsabilité collective disparaît au profit du chacun pour soi et d'une morale du plus fort — pas vu pas pris — qui semble l'emporter sur le souci du bien commun.

Comme une cocotte minute, la tension monte à l'intérieur de notre pays. De temps en temps, un peu de pression s'échappe. À la manière d'un ball-trap, un homme politique, ou un grand patron, explose en vol. Souvent par hasard. Parfois sous la pression de ses adversaires, qui attisent le feu. Le cas des hommes politiques est bien sûr le plus sensible, tant ils

1. Sur ce point, lire Michel Foucault, *Surveiller et punir*, *op. cit.*, chapitre III, « Discipline ».

cristallisent les frustrations des citoyens ordinaires. Cette situation est profondément dangereuse. Elle mérite au moins que l'on essaie de comprendre la grande mutation que nous vivons, et dont la délinquance financière nous livre peut-être le secret.

Un nouveau monde

« *C'était l'âge d'or de la sécurité. L'État paraissait le suprême garant de cette pérennité. Chacun savait ce qui était permis ou défendu. Tout avait sa norme, sa mesure, son poids déterminé. [...] Ce siècle des valeurs assurées, dans son idéalisme, était sincèrement convaincu qu'il se trouvait sur la route rectiligne et infaillible du meilleur des mondes possibles. Maintenant que le grand orage l'a depuis longtemps fracassé, nous savons que ce monde de la sécurité n'était qu'un château de nuée. Pourtant mes parents l'ont habité comme une maison de pierre*[1]. » À l'image de Stefan Zweig, chaque génération porte en elle le mythe d'une époque où tout était en place.

L'Histoire avance souvent par quelques grands ébranlements suivis de plages presque étales, où les institutions s'équilibrent. Ceux qui vivent à la lisière sentent le sol se dérober sous

1. *In* Stefan Zweig, *Le monde d'hier, souvenirs d'un Européen,* (nouvelle traduction), Belfond, Paris, 1993 p. 17-22.

leurs pieds, sans distinguer encore précisément le nouveau monde qui se dessine. L'ampleur de la criminalité financière ne doit pas nous conduire à invoquer la morale publique (supposée) de nos anciennes élites dirigeantes et à regretter la disparition (apparente) des valeurs communes. Souvenons-nous des citoyens nostalgiques de la République romaine, qui se flagellaient devant les vertus perdues : ils appelaient décadence et amoralité ce qui était l'avènement d'un empire global, une *pax romana* qui allait durer plus d'un siècle.

Bien sûr, pendant les trente ans qui ont suivi la Seconde Guerre mondiale, les Européens ont habité une autre *maison de pierre*, qui s'appelait l'État-providence. Les systèmes judiciaires et sociaux qui s'accordaient avec ce modèle politique et économique sont devenus des astres morts : ils continuent à éclairer (et même parfois à prospérer) alors que le feu s'est éteint. La vision du monde dont nous avions hérité, de loin en loin, depuis les philosophes des Lumières s'efface peu à peu, comme un trait de fusain pâli avec le temps. Mais dans le même temps, d'autres modèles de pensée apparaissent, que nous devons comprendre et influencer.

Notre avenir s'écrit aujourd'hui dans les salles des marchés qui brassent chaque jour les dollars, dans les buildings informatiques qui stockent et retraitent instantanément nos informations et les satellites de transmission qui gravitent en orbite autour de notre planète. Ce monde en réseau, où tout circule et s'entrechoque, n'a plus grand-chose de commun avec les institutions stables dans lesquelles nous avons vécu.

On n'est pas obligé d'aimer son époque, il est toujours dangereux de ne pas la comprendre.

Analyser la propagation de la corruption politique et la gravité de la criminalité financière à l'aune de la morale individuelle et de l'État-nation revient à appréhender le monde d'aujourd'hui avec des lunettes d'hier, comme Stefan Zweig, enfant, qui ne se remettait pas de la mort de la société viennoise des années 1900. Il peut exister un homme politique ou un banquier délinquant sans que cela trouble nos certitudes. Il peut en exister dix. Mais s'ils sont cent ou mille, c'est que la fièvre cache une métamorphose du corps social. L'omniprésence de la délinquance financière révèle surtout la nouvelle place de l'argent dans notre vie.

Pour comprendre la révolution en cours, il faut remonter le fil des événements. L'État-providence est né d'une guerre mondiale qui avait détruit une grande partie de l'Europe et abattu le Japon. Les dirigeants de l'époque avaient été marqués par l'impact de la grande dépression et du krach boursier de 1929 sur la montée du nazisme. Ils cherchaient un antidote au virus totalitaire, d'autant plus que le communisme, en occupant l'autre moitié du monde, restait une menace permanente.

La conviction que les gouvernements devaient contrôler l'économie en général et la finance en particulier était une certitude partagée aussi bien en Europe qu'aux États-Unis (avec bien sûr des nuances propres à chaque culture politique). L'État a donc été chargé de surveiller l'argent. Le jeu du marché se déroulait sous le regard attentif et sourcilleux de l'administration, qui encadrait de manière rigide le secteur financier.

Le but de l'État-providence était de soutenir la croissance et de réduire les inégalités sociales. Les particuliers et les individus étaient encouragés à s'endetter. Une partie importante des crédits n'était pas délivrée au taux du marché, mais à un taux inférieur : l'État comblait la différence[1]. Comme une certaine inflation était tolérée, il pouvait arriver que l'augmentation

1. « *Ces prêts préférentiels à taux fixes jouaient un rôle considérable dans le financement de l'équipement collectif (80 % fin 1982), des exportations (67 %), du logement (62 %) et de l'investissement (48 %)* », Robert Ferrandier et Vincent Koen, *Marché de capitaux et techniques financières*, Economica, Paris, 1991, p. 53.

des salaires absorbe la charge des intérêts de l'emprunt. À la limite, on pouvait presque s'enrichir en s'endettant[1].

Le rendement des capitaux était bien évidemment faible, ce qui pénalisait ceux qui choisissaient de placer une partie de leurs biens et avantageait *de facto* ceux qui n'avaient pas grand-chose à investir et tout à acquérir. La réduction des inégalités sociales semblait un mouvement naturel, inscrit dans le cours des choses.

Nous étions pris dans le courant

Comme tous les Européens du Nord, j'ai grandi à l'ombre de l'État-providence. La Norvège de mon enfance était un pays égalitaire, avec un gouvernement social-démocrate[2]. L'échelle des salaires était de un à six. Il y avait un seul système de santé et une seule école publique. Je me souviens d'une anecdote qui m'a marquée lorsque j'étais enfant. Nous habitions la partie ouvrière d'Oslo. L'école où j'étais

1. Un économiste américain, J. Hicks, a d'ailleurs beaucoup travaillé sur ce qu'il a appelé l'économie d'endettement.

2. C'est même sans doute l'une des rares nations à n'avoir jamais connu d'aristocratie. Les villages étaient déjà organisés de manière communautaire il y a mille ans.

inscrite brassait des enfants d'ouvriers ou de petits artisans. Un jour, nous avons appris que le fils du Premier ministre de l'époque fréquentait notre école. Sa famille vivait dans les mêmes immeubles bon marché que ceux des autres élèves. Son père prenait le tramway pour se rendre à son bureau. Il considérait sa fonction de Premier ministre comme un travail salarié.

Personnellement, je me sentais à l'étroit dans ce système rigide. J'ai respiré un grand bol d'air en arrivant en France, avec sa culture de la splendeur et son goût pour « les élites républicaines ». En même temps, j'étais fière aussi des réussites de la social-démocratie. Je me souviens d'avoir fait la leçon à table à mon futur beau-père, qui était ophtalmologiste, en lui expliquant combien la médecine libérale française était attardée face au système moderne de la Suède ou de la Norvège.

À sa manière, la France avait suivi le mouvement général de l'Occident. L'État-providence avait rejoint la vieille culture politique nationale qui remontait au colbertisme[1]. Le mythe de la haute fonction publique, que j'ai découvert en

1. Grâce à l'impulsion de Colbert, sous le royaume de Louis XIV, l'État encouragea la création de manufactures privées et publiques, en investissant lui-même ou en accordant des privilèges.

arrivant à Paris, en était l'indice le plus frappant. Pendant trente ans, le haut fonctionnaire a représenté le modèle social français par excellence. En France, la plus grande école d'ingénieurs est une école militaire. La plus prestigieuse école de pouvoir est une école d'administration. En plus de la direction du secteur public, les grands commis de l'État avaient pris l'habitude d'occuper des postes de direction dans les sociétés privées les plus importantes. Les hauts fonctionnaires étaient également surreprésentés dans la vie politique puisque, depuis 1974, deux présidents de la République (sur trois) et huit Premiers ministres (sur onze) sont passés par l'ENA et ont fait toute leur carrière dans l'administration.

L'État-providence était plus qu'un modèle économique. Il diffusait une certaine idée de l'ordre des choses.

Lorsque j'avais vingt-cinq ans, les étudiants que je connaissais, ou mes collègues dans l'entreprise dans laquelle je travaillais comme secrétaire, voulaient toujours plus d'État. Les réformateurs du mouvement de mai 68 et « la deuxième gauche » de la CFDT citaient la social-démocratie de l'Europe du Nord comme un exemple : ils réclamaient des crèches, des syndicats de cogestion, des comités de quartier, des associations, etc.

Que ce soit au sein de l'administration de l'hôpital psychiatrique ou en travaillant aux TGI d'Orléans et d'Évry, j'ai passé la première partie de ma vie professionnelle dans cet univers. Les psychiatres, les éducateurs et la plupart de mes collègues concevaient une certaine fierté d'appartenir au service public. Nous étions portés par un courant général. Bien sûr, nous sentions déjà que le modèle craquait, notamment dans le traitement de la petite délinquance. Notre rôle paraissait plus flou, le travail nous submergeait. Mais le système de pensée sur lequel nous nous reposions avait accompagné une croissance heureuse durant les *Trente Glorieuses*[1]. Nous n'imaginions pas d'autres références. Nous pensions que les banlieues manquaient surtout d'État et qu'il fallait recruter des milliers d'éducateurs pour répondre aux attentes.

Le Trésor que j'ai connu n'échappait pas à la règle. Alors que la révolution avait déjà commencé, l'esprit de l'État-providence soufflait toujours sur le ministère des Finances. Au CIRI, l'administration arbitrait les restructurations

1. L'expression renvoie aux années 1945-1975, qui ont vu augmenter la richesse des pays occidentaux sans chômage. Cf. Jean Fourastié, *Les Trente Glorieuses ou la révolution invisible de 1946 à 1975*, Hachette, coll. « Pluriel », Paris, 1998.

industrielles, cherchait des actionnaires ou imposait des moratoires aux créanciers. Pourtant nous étions déjà en 1992, dix ans après la dérégulation des marchés aux USA. Mais l'État français pensait sans doute qu'il pouvait encore contrôler l'économie, qu'il lui suffisait simplement de changer de manière d'agir pour que rien ne change vraiment.

L'ère de la spéculation

C'est en instruisant les dossiers financiers que j'ai pris conscience de la révolution en cours. Lorsque vous observez des phénomènes aussi criants que ceux qui ont été révélés par les juges sans que personne ne daigne s'en occuper, même après que vous avez crié « Au loup ! » de toutes vos forces, il existe deux solutions : soit vous êtes un fantassin en première ligne du champ de bataille (il suffit alors d'attendre du renfort et une prise de conscience de l'état-major), soit vous êtes un franc-tireur qui mène une guerre que les généraux ont refusé de déclarer (vous ressemblez alors à ces soldats japonais qui continuaient à se battre dans la jungle birmane sans savoir que l'armistice avait été signé).

Au début, l'absence de réaction des plus hautes autorités politiques et économiques m'a sidérée au sens propre. Je vivais avec la conviction que les institutions politiques s'occupaient des problèmes les plus graves. J'ai attendu, pendant plusieurs années, qu'une réponse à la hauteur de l'enjeu soit apportée. Je n'imaginais pas un autre scénario. Malheureusement, les dirigeants politiques ont préféré déplacer le débat sur les juges, accusés de tous les maux, soupçonnés de rêver à une République des juges ou de vouloir instaurer je ne sais quel ordre moral, alors que nous faisons simplement notre métier de magistrats, rémunérés par les contribuables pour appliquer la loi. Ils ont préféré le dialogue de sourds à l'action. Peut-être parce qu'ils ne pouvaient pas faire autrement.

Aujourd'hui, j'ai compris que la torpeur des États avait un sens qu'il fallait décoder.

Les premières « affaires » remontent aux craquements annonciateurs de la fin de l'État-providence. La coïncidence de dates n'est pas fortuite, car je pense que c'est à cette époque que tout a basculé. La crise de 1974 a marqué en effet l'épuisement du modèle de l'après-guerre : montée du chômage, inflation, croissance au ralenti, déficits publics, crise monétaire. Le développement des marchés financiers devenait une nécessité vitale à la fois pour les entreprises, soumises aux fluctuations des changes et qui devaient se couvrir [1], et pour les États, qui avaient besoin des capitaux étrangers pour financer leur déficit.

Par un enchaînement logique de causes et de conséquences, le développement rapide des marchés financiers s'est traduit par le remplacement de la prime à l'emprunt, qui avait été la règle depuis la guerre, par une prime à l'épargne à partir de 1979 aux USA et de 1984 en France. Pour simplifier, alors que pendant l'âge d'or de l'État-providence, celui qui empruntait gagnait plus d'argent que celui qui prêtait, aujourd'hui, le rapport est inversé. Il suffit d'ouvrir les journaux pour constater que les rendements des placements boursiers se sont envolés.

La fulgurance du mouvement de dérégulation est frappante. Dans un jeu de dominos

1. Il existe un décalage entre le moment où les entreprises vendent un produit à l'étranger, essentiellement en dollars, et celui où elles sont effectivement payées. Si, durant ce laps de temps, le dollar varie, c'est la marge de l'entreprise qui est en jeu. Se couvrir, c'est conclure une sorte d'assurance : contre une prime, un tiers accepte de régler à l'échéance une somme fixée au départ, quelles que soient les variations des monnaies. Selon l'évolution des cours, il garde pour lui ou comble pour l'entreprise la différence effective. Ce modèle de base s'est démultiplié à toutes les formes de risques possibles et imaginables.

s'empilant les uns sur les autres, les marchés de devises et des produits financiers ont tous été déréglementés. De 1979 à 1984, en cinq ans à peine, le principe fondamental de l'État-providence (le contrôle de l'argent par l'État) a disparu dans les pays occidentaux et le mouvement, depuis, ne cesse de s'accélérer. La mondialisation n'est pas, comme on le croit spontanément, l'avènement d'un marché mondial des marchandises, qui était en marche depuis longtemps, mais plutôt la création d'un système financier global, au-dessus des lois nationales. Bien sûr, à l'intérieur des marchés, les règles sont particulièrement strictes : les banques ont des ratios à respecter et la transparence vis-à-vis des actionnaires est nécessaire. Mais le système global échappe au contrôle des États-nations.

Ce que l'on a appelé « la crise économique » a été le déclencheur d'une mutation fondamentale qui, par cercles concentriques, s'est répandue dans toute la société. D'une concurrence économique bridée ou régulée (selon l'idée que l'on s'en fait) par la réglementation de l'État on est passé à une concurrence exacerbée ou stimulée (selon le regard que l'on porte sur ce phénomène) par la spéculation, libre de se déployer au gré des possibilités techniques de plus en plus sophistiquées, à travers les places financières mondiales.

La spéculation n'a rien de diabolique en soi. C'est le principe du pari. En principe, un pari débouche toujours sur un vainqueur, un perdant et un jeu de sommes nulles. Le résultat enrichit l'un quand l'autre s'appauvrit. Pour échapper à cette contrainte, les marchés financiers cherchent à attirer en permanence de nouveaux capitaux. S'il existe toujours plus d'argent en circulation dans un marché spéculatif, le jeu couronne mécaniquement davantage de gagnants que de perdants. Pour que la martingale continue, il faut que la sphère financière n'arrête jamais de croître. Les marchés ont un besoin vital et permanent de nouvelles ressources.

C'est la raison pour laquelle, aux États-Unis, au Japon et dans plusieurs pays européens, la finance aspire, année après année, l'épargne retraite, l'assurance maladie et une partie des salaires (sous forme de stock-options). En faisant de la spéculation la pulsation de l'économie, le nouveau monde assèche ou supprime les structures intermédiaires de l'État-providence, qui contrôlaient l'argent et répartissaient les richesses, pour les remplacer par un système qui paraît plus efficace et plus rentable. Dans cette révolution économique, les privatisations ont été une étape essentielle. Les États se sont délestés d'activités industrielles ou financières qu'ils ne pouvaient plus faire évoluer au rythme du marché.

Demain, de nombreuses catégories sociales compteront sur l'épargne pour assurer leur retraite, le remboursement de leurs soins ou même une partie de leur revenu courant. Je ne parle pas de projections aléatoires, mais d'une réalité qui ne cesse de s'étendre. De nombreux Américains empruntent aujourd'hui pour placer de l'argent en bourse. Les stock-options sont une forme de rémunération courante dans les nouvelles entreprises. Des investisseurs étrangers détiennent 37 % des actions des grandes entreprises françaises[1]. Un cinquième du PIB du Royaume-Uni provient des revenus de la City de Londres.

La pompe s'inverse

La *nouvelle économie* est l'illustration de ce renversement de perspective. Dans le modèle de l'État-providence, une entreprise cherchait des

1. Bulletin mensuel de la COB n° 322, mars 1998.

actionnaires et éventuellement des banquiers, notamment pour un de ces fameux « prêts préférentiels ». Avec ces fonds de départ, elle commençait à produire des marchandises et à conquérir des clients. Lorsqu'elle avait atteint une taille suffisante, l'entreprise accédait aux marchés financiers qui relayaient les banques et les premiers actionnaires, en lui apportant des moyens supplémentaires pour grandir encore.

Aujourd'hui, la pompe tend à s'inverser. Des financiers spécialisés investissent sur des projets embryonnaires. Ces coquilles juridiques bénéficient de moyens sans commune mesure avec leur chiffre d'affaires. Le but de l'opération est une introduction rapide en bourse, où la valorisation de ces sociétés peut être décuplée, même si elles sont toujours largement déficitaires. Bien sûr, les investisseurs savent que seule une faible proportion de ces nouvelles sociétés, à terme, sera prospère. Mais celles qui auront pu émerger grâce à la finance vont pouvoir consacrer à la recherche et au marketing des sommes inespérées et croître cent fois plus vite que dans l'ancien modèle. Leurs actionnaires bénéficieront alors d'un « effet de levier »[1] exceptionnel sur

1. C'est-à-dire une multiplication du profit.

leur placement (jusqu'à 1 000 % de gain par rapport à la première mise).

C'est pourquoi l'expression « bulle spéculative » n'est pas judicieuse. Ce modèle a déjà connu des crises : bulle immobilière, bulle asiatique. Mais la croissance des marchés financiers est une lame de fond. Si la « bulle technologique » venait à exploser, les pertes seraient absorbées par l'afflux de nouveaux capitaux, chaque jour plus nombreux, attirés par les effets multiplicateurs des marchés financiers. C'est un raisonnement circulaire : la finance attire l'argent parce qu'elle explose et elle explose parce qu'elle attire de l'argent.

Un appel d'air

Dès 1992, les soubresauts de cette vague planétaire sont arrivés jusque dans nos bureaux antiques, équipés d'armoires métalliques et de machines à écrire qui s'emballaient à chaque saut de ligne. Car l'avènement de la finance globale a eu un effet immédiat sur la criminalité organisée. Les mafias et les circuits de prohibition (la drogue, les cigarettes, les ventes d'armes, la prostitution, etc.) existaient déjà au temps de l'État-providence, mais restaient cantonnés dans les bas-fonds de la société. C'était le monde de l'ombre — quartiers chauds, ports francs ou villes interlopes —, objets de fascination et d'une littérature prolixe de polars et de « romans sociaux ».

Sans le vouloir, la libéralisation des marchés a dopé l'activité de ces réseaux parallèles, qui ont vu s'ouvrir de nouveaux débouchés et des territoires vierges.

Jusqu'au début des années soixante-dix, les trafiquants de drogue qui voulaient profiter de leur argent devaient réintroduire dans l'économie traditionnelle les produits de leur crime. On appelait classiquement cette opération *le blanchiment.* Mais lorsqu'un réseau avait acheté la moitié des boîtes de nuits de la Costa Brava, l'économie ne lui offrait plus de grandes perspectives de croissance. Frapper à la porte d'une entreprise informatique *high tech* pour en prendre le contrôle était presque impossible pour un trafiquant d'héroïne. Les banques, les syndicats et les autorités politiques espagnoles auraient formé un barrage infranchissable. Les juges de Madrid racontent qu'un mafieux espagnol avait fini par remplir sa piscine de billets de cent dollars parce qu'il ne savait plus où les investir.

Depuis le début des années quatre-vingt, les

piscines sont vides. Il suffit de deux ou trois sociétés écrans et d'un tour de passe-passe dans les paradis bancaires pour que l'argent criminel resurgisse entièrement blanchi. L'achat des actions de la florissante société de logiciels de Bilbao peut se faire via un fond d'investissement de la City, tout à fait respectable, sans que personne ne remarque le contrôle des financiers londoniens par un empilement de sociétés qui remonte jusqu'à une société mafieuse domiciliée à Gibraltar.

L'huile des marchés

Dans leur croissance tous azimuts, les marchés financiers n'ont pas hésité à accueillir les fonds douteux, d'où qu'ils viennent. Au lendemain de la Seconde Guerre mondiale, « *Hong Kong et Singapour n'étaient rien d'autre que deux entrepôts utilisés par les Anglais pour leur commerce. Deux grands bidonvilles devenus plus riches que leurs colonisateurs, avec un revenu par habitant supérieur à celui de la Grande-Bretagne* », explique l'économiste Daniel Cohen[1]. Les exonérations fiscales n'expliquent

1. Daniel Cohen, *Richesse du monde, pauvreté des nations*, Flammarion, Paris, 1997, p. 32.

pas entièrement le succès de ces places fortes. Bien sûr, la majorité des transactions demeurent tout à fait légales. Mais l'argent du crime n'est plus cette ombre honteuse de l'État-providence, ces valises de billets circulant dans les parkings des casinos ou ces fortunes transportées en Suisse sous forme de lingots dissimulés sous le siège du conducteur. L'argent occulte a fusionné avec l'économie légale. Il fait partie de ses flux financiers et efface les frontières du droit. Les bunkers financiers *off-shore* servent d'abord à cela. Après tout, sur le marché des options de Francfort, quelle est la différence entre le narco-dollar passé par Vaduz et le pétro-dollar qui vient de Bahreïn ? La pénalisation du commerce de la cocaïne ne gêne que les juges de banlieue, obligés d'appliquer localement une loi de prohibition battue en brèche sur les marchés financiers mondiaux.

Le raisonnement s'applique à bien d'autres secteurs. Il suffit de savoir que le montant de l'aide internationale à la Russie (financée par les contribuables américains, français, allemands, italiens, anglais, etc.) est équivalent, selon les estimations, à celui des capitaux qui s'en évadent de manière frauduleuse [1]. Si la finance

1. Soit 60 milliards de dollars entre 1992 et 1996. (Source : *Financial Times*, 17 novembre 1997.)

mondiale est comparable à une pompe géante qui aspire et rejette sans cesse des milliards de dollars, on peut dire que l'argent noir entre par des milliers de clapets à travers la planète et ressort par des milliers d'autres clapets après un blanchiment discret, sans qu'il soit possible de démêler le « bon dollar » du « mauvais dollar ».

Les Japonais ont longtemps justifié la corruption comme « huile de l'économie ». Selon cette théorie, tout échange commercial aurait besoin d'une petite caisse noire, d'un flux occulte, discret et continu, pour accélérer l'activité et absorber les frottements de structure. Mais si l'huile coule à flots ? L'argent illégal facilite la spéculation parce que personne ne se soucie vraiment des pertes. Le but d'un gestionnaire de fonds de placement texan est de faire fructifier l'argent qui lui est confié. Ses mandataires s'affoleraient immédiatement si le rendement devenait négatif. Les fonds de placement restent donc des acteurs prudents.

Les parrains de la drogue ou les dirigeants qui placent plusieurs centaines de millions de francs à l'abri n'ont pas ces scrupules. Leur but est d'arriver à profiter sans risque de cet argent illégal. Ils acceptent donc le risque de perdre une partie importante de leur mise de départ à condition que le reliquat soit blanchi et utilisable le plus légalement du monde. La manne de l'argent noir ne se tarit pas aux premiers à-coups de la Bourse et entretient une fausse euphorie spéculative.

La mondialisation des marchés de l'argent a créé un système incontrôlable, y compris pour ses promoteurs. La plupart des établissements bancaires avouent être dépassés par les conséquences de la dérégulation. Ils évoluent dans un univers qui n'a plus rien à voir avec celui que nous connaissons par le biais de notre Code pénal napoléonien, fût-il refondu en 1992. Une banque d'affaires est aujourd'hui incapable de savoir exactement, à un instant donné, le montant précis de ses engagements, tant la rapidité des transactions et leur complexité a fabriqué un monde en mouvement perpétuel, ou l'argent en circulation, la *fax money*, de plus en plus virtuel, n'a ni couleur, ni odeur, ni véritable propriétaire. Les transactions sont devenues si complexes qu'un assureur peut faire fructifier de l'argent appartenant à la mafia russe tout en ayant la certitude de traiter avec une société honorable.

Dans la finance-monde, puisque rien ne peut plus être interdit, tout est désormais permis.

Les banquiers le confient naturellement en privé : si les bénéfices tirés de la cocaïne disparaissaient du jour au lendemain des circuits *offshore*, le système financier tout entier serait perturbé. Chacun s'accommode pourtant de cette situation puisque c'est la croissance de la finance qui tire l'économie mondiale. Et ce qui paraissait incompréhensible — comme les résultats ridicules des saisies de drogue — devient soudain plus logique[1] : il est urgent de laisser faire.

Le pouvoir aux enchères

En perdant le contrôle des marchés financiers, les gouvernements nationaux ont perdu leur pouvoir de régulation. Les banques centrales sont indépendantes. Les capitaux sont libres de se déplacer au gré des opportunités. Le champ d'action de nos dirigeants politiques s'est réduit d'autant par rapport à celui dont bénéficiaient leurs prédécesseurs trente ans plus tôt.

En apparence, pourtant, rien n'a changé. Le Parlement continue de voter des lois de « régulation économique ». Les citoyens sont supposés

1. Selon Interpol, le produit total de la lutte antidrogue depuis vingt ans représente à peine une journée du commerce mondial des stupéfiants, soit 1/7300[e] du trafic, c'est-à-dire une misère.

demander des comptes à des dirigeants qu'ils imaginent toujours aussi puissants, alors que plusieurs des leviers de commande essentiels de l'État tournent maintenant dans le vide.

Les décideurs politiques gardent néanmoins un pouvoir d'arbitrage en matière économique : ce sont eux, par exemple, qui supervisent les marchés publics ou qui décident des privatisations. Paradoxalement, les enjeux économiques de ces choix sont si cruciaux pour les entreprises concernées que l'influence personnelle des dirigeants politiques a été décuplée (pendant que leur poids collectif s'affaiblissait).

Rarement un décideur politique aura eu autant de prix, au sens propre du terme, qu'à l'heure de la mondialisation. La mise aux enchères en Angleterre des dernières fréquences de téléphonie mobile s'est conclue à deux cent cinquante milliards de francs. Lorsqu'un gouvernement décide seul de l'attribution des fréquences, comme cela a eu lieu en France, il est superflu d'insister sur l'enjeu de son arbitrage et les appétits financiers qui en découlent.

« *Qu'est-ce que Washington aujourd'hui ? Des dizaines de milliers de fonctionnaires, quelques centaines de parlementaires, quelques milliers de staffers, et surtout trente mille lobbyistes. Ce chiffre exprime le bouleversement fondamental intervenu dans le processus de décision de la plus grande démocratie moderne. Sur chaque affaire, sur chaque loi, des cabinets de lobbyistes s'opposent, livrant d'âpres batailles* », explique Jean-Marie Géhenno[1].

Remises en perspective, ce que l'on appelle les « affaires politico-financières » prennent alors un sens bien différent que celui que je leur donnais en arrivant au Palais de Justice de Paris. L'enjeu du pouvoir n'est plus le même, puisque la mondialisation a placé au-dessus des lois nationales une sphère financière qui les ignore. Le contrat démocratique a perdu une part de sa substance.

L'élection est toujours une bataille âprement disputée. Le pouvoir politique redevient une clé décisive lors de l'attribution de quelques grands marchés. L'homme politique doit alors choisir entre plusieurs sociétés concurrentes. Cette décision ne modifie pas le destin collectif du pays. Que le réseau soit attribué à *pierre.com* ou à *paul.com* est politiquement indifférent.

En se déplaçant, le pouvoir change de nature.

Dans ce nouvel ordre politique, le paiement d'une commission peut apparaître comme un

1. Jean-Marie Géhenno, *La fin de la démocratie*, Flammarion, 1993, p. 38-40.

acte logique. Certains dirigeants — et seulement certains bien sûr — que nous estimons corrompus au sens du Code pénal, n'ont pas le sentiment de trahir leur mandat. Ils ont simplement mis aux enchères une décision technique, comme un gérant de supermarché attribue la meilleure place de son étalage au plus offrant.

Autre paradoxe : plus les gouvernements se retirent des décisions essentielles, plus ils sont présents sur les *questions de société* et omniprésents dans la vie quotidienne des entreprises à l'intérieur des frontières nationales. De même, les services publics restent puissants. La logique des organisations est vieille comme la bureaucratie : c'est justement lorsqu'elles ont perdu leur légitimité que les administrations cherchent à s'étendre pour justifier leur existence.

Forces centrifuges et forces centripètes

Le nouveau monde n'est donc pas simplement le résultat d'un changement économique et financier : il modifie le sens de la politique, notre relation à autrui et les valeurs de notre société. Le moteur à explosion de la spéculation a déclenché une forte croissance. Cet univers technologique et complexe, très concurrentiel, où l'attrait du profit individuel libère les énergies, s'accompagne d'une redéfinition des équilibres sociaux.

Daniel Cohen le confirme encore : « *Tout au long des années quatre-vingt-dix, le salaire des jeunes Noirs américains a été diminué de moitié. À la fin des années quatre-vingt, l'ouvrier américain avait perdu le bénéfice de trente ans de prospérité : le pouvoir de son salaire était revenu au niveau qui était le sien au tout début des années soixante. De 1970 à 1990, le salaire médian a ainsi régressé de cinq pour cent, tandis que l'écart entre les dix pour cent les plus riches et les dix pour cent les plus pauvres augmentait de quarante pour cent. Au sommet de la hiérarchie, le salaire des P-DG passait de trente à cent cinquante fois le salaire des OS. Jamais dans l'histoire de ce pays, ni d'ailleurs dans le monde industriel, une telle explosion des inégalités n'avait été enregistrée*[1]. »

La dérégulation financière a permis de retrouver une croissance et une vitalité économique que l'État-providence avait fini par épuiser. La réussite de ce projet s'accompagne d'une

1. Daniel Cohen, *Richesse du monde, op. cit.*, p. 67. Les statistiques sur les dix dernières années amplifient encore le phénomène. Les 20 % des Américains les plus pauvres ont vu baisser leurs revenus. « *Les salaires réels des ouvriers sont moins élevés qu'en 1979; un pour cent des Américains tout en haut de l'échelle, détiennent 40 % des actifs boursiers.* » (Source : *New York Times*, 2 novembre 1999, et *Le Monde*, 6 mai 2000.)

augmentation des écarts de fortune à l'intérieur des nations occidentales (sans parler de celles qui se creusent entre les États du globe), qui sont parties pour atteindre une amplitude encore inconnue. Le but de l'État-providence disparaît avec lui : même en Norvège, l'écart des salaires a doublé depuis 1960.

Les mafias occupent un rôle étonnant dans cette nouvelle constellation des rapports de force. Le crime organisé permet en effet de relier ce que le nouveau monde sépare.

Au premier étage de la société[1], si l'État-providence lui laisse le champ libre, la criminalité organisée peut se substituer à lui et contrôler avec efficacité certains quartiers chauds. Des réseaux, parfois à dominante ethnique, se spécialisent dans le commerce de la drogue, les machines à sous ou la prostitution. Chacun peut constater que, grâce à la loi du talion imposée par les réseaux de dealers, des zones de non-droit connaissent aujourd'hui une certaine forme de quiétude. Elles reçoivent également les miettes de leurs profits, qui relaient les subsides de l'État-providence. J'avais déjà observé à Évry l'attraction de l'univers criminel en tant que modèle d'action, de solidarité, de secret et

1. Selon le principe de Fernand Braudel expliqué p. 83.

d'argent facile. Les réseaux mafieux ne se greffent pas seulement sur l'État pour détourner de l'argent, ils peuvent largement se substituer à lui, selon le vieux modèle sicilien.

Au troisième étage de la société, les mafieux font remonter l'argent noir dans les bunkers *offshore* de la finance et réinjectent ces sommes illégales sur les marchés légaux de Francfort ou de New York. D'une certaine manière, comme l'explique Jean de Maillard, « *le crime organisé rend la délinquance des pauvres économiquement rentable et socialement utile* », ce qui donne la mesure du défi lancé aux démocraties[1].

La justice se rebiffe

Il faut replacer l'impuissance des États en matière de criminalité financière dans cette perspective de long terme. En 1976, l'Union européenne a commencé des négociations pour modifier un point de détail du traité de la CEE : il s'agissait d'interdire la corruption de fonctionnaires européens par des entreprises européennes, ce qui est quand même le b.a.-ba d'une

1. Jean de Maillard et Pierre Xavier Grézaud, *Un monde sans loi, op. cit.*, p. 84.

communauté. Les pourparlers n'ont abouti qu'en 1996[1]. Il a fallu vingt ans à l'Europe pour avancer d'un pas minuscule en ce sens, alors que la déréglementation totale des marchés financiers mondiaux a pris cinq ans !

Dans le même ordre d'idée, l'OCDE a entrepris de faire adopter à partir de 1992 une convention similaire. Elle n'était pas encore totalement ratifiée que déjà le représentant des États-Unis la qualifiait de « *montagne accouchant d'une souris* ». Pierre Lascoumes confirme cette impression de lenteur : « *En 1994, à Naples, en présence de nombreux ministres de la Justice, de l'Intérieur et de plusieurs chefs de gouvernement, une conférence mondiale déboucha sur un plan de lutte contre la mafia. Cinq ans plus tard, les projets annoncés somnolent toujours. C'est à peine s'il est question de la mise en place d'un groupe de spécialistes pour préparer une convention sous l'égide de l'ONU*[2]. »

Il ne faut pas chercher très loin les causes de cette course d'escargots : selon le principe numéro un du nouveau monde, la finance doit rester indépendante des États. Lorsque le droit pénal reste confiné dans ses frontières, il n'in-

1. Le protocole a été signé à Dublin en 1996. La ratification par le Parlement français a attendu mai 1999. Il n'est toujours pas intégré dans la loi interne.
2. Pierre Lascoumes, *Corruptions, op. cit.*, p. 18.

quiète qu'une économie domestique de passe-droit, un système artisanal de connivence et de complicité, qui se sont développés dans le sillage de la mondialisation. Mais il ne doit surtout pas briser le tabou de la finance *off-shore*.

C'est aussi la raison pour laquelle la justice française veut toujours garder son lampadaire braqué sur le même trottoir. Lorsque le procureur général de la cour d'appel de Paris, Jean-François Burgelin, expliquait que les instructions financières créent plus de problèmes qu'elles n'en résolvent, il disait tout haut ce que les gouvernements occidentaux pensent tout bas. Cette attitude peut se comprendre. Avouer que le roi est nu troublerait profondément notre édifice collectif. À l'étage de *l'économie à vue humaine*, les règles sociales s'appliquent facilement. En colmatant les brèches en dessous et au-dessus du citoyen ordinaire, les autorités politiques et judiciaires veulent croire que rien n'a changé, même si tout a changé.

De l'intérieur

C'est pourquoi la floraison des « affaires » politico-financières en Europe, la mise en cause de chefs de gouvernement en Allemagne, en

Espagne et en Grèce, l'opération *Mani pulite* en Italie, la Marche blanche en Belgique[1] ont été autant de symptômes du grand bouleversement de la mondialisation. Les juges sont à un poste d'observation privilégiée, à la jointure entre le crime d'hier et le crime de demain. Les analyses des magistrats italiens sur les mutations du capitalisme et le virus mafieux ont dix ans d'avance sur les économistes. À Naples, à Rome ou à Palerme, ils ont vu des organisations criminelles poussiéreuses s'adapter de manière fulgurante au nouveau monde comme une algue qui prolifère en quelques mois. La faiblesse traditionnelle de l'État italien a rendu le processus plus violent qu'ailleurs et *chimiquement pur.*

Ils ont payé cette lucidité de vingt-quatre morts.

Partout ailleurs en Europe, le Code pénal réprime naturellement les manquements à la morale publique, la corruption, le blanchiment d'argent. Il pose sur le monde de la finance globale le calque de l'État-providence. Comme deux plaques tectoniques, deux forces s'affrontent. À leur jonction, le sol est meuble et les irruptions sont fréquentes. C'est la raison pour

1. En 1995, après l'affaire Dutroux, d'immenses manifestations ont eu lieu en Belgique pour réclamer une rénovation judiciaire et politique.

laquelle des pratiques marginales et tolérées pendant des décennies ont débouché si rapidement sur l'apparition de réseaux para-mafieux, notamment en Espagne, en France et en Italie.

Les juges poursuivent donc, seuls, des comportements que les gouvernements sont obligés de tolérer, voire d'encourager, s'ils veulent rester en piste dans la concurrence acharnée des places financières entre elles. Ils sont placés dans une contradiction redoutable, presque schizophrénique. Les chefs d'entreprise doivent jongler entre l'étage national, où les lois sont restées rigoureuses, et l'étage international, qui impose ses contraintes et offre ses facilités. Cette situation ambiguë explique sans doute la troublante dénégation des faits que nous constatons si souvent chez les délinquants en col blanc.

En posant le fer sur la plaie, les magistrats ont été à même de comprendre la réalité de certains échanges financiers et leur logique, alors qu'au Trésor de brillantes intelligences pouvaient encore se rassurer à bon compte. La connaissance des magistrats est pratique, presque physique.

C'est la raison pour laquelle j'ai eu envie d'écrire ce livre.

Le lit naturel de la Justice

Souvent je me demande ce qui pousse ainsi de nombreux juges à travers l'Europe à risquer, dans un combat aussi inégal, leur carrière, parfois même leur vie, notamment en Italie. Pendant deux ans, j'ai vécu avec une protection rapprochée, qui me suivait partout (elle est plus distante aujourd'hui). Les gardes du corps posaient leurs armes sur la table de la salle à manger et il fallait vivre quand même. Je vois aussi l'engagement des jeunes inspecteurs de la brigade financière, ces jours de récupération qui tombent, les menaces de mort auxquelles ils refusent de se soumettre. J'admire mon greffier, qui passe parfois quinze heures par jour à mes côtés pour un salaire modeste. Jamais je ne l'ai entendu se plaindre. Il a choisi de rester jusqu'au bout des instructions en cours. Tout simplement, sans prendre la pose du sacrifice.

Pourtant, comme les juges antiterroristes, nous avons tous, les uns et les autres, mille choses plus intéressantes à faire qu'à vivre sous protection. Mais nous avons été placés là, dans cette fonction, à une certaine époque et les circonstances de la vie ont décidé pour nous. Ce que nous avons vu et compris ne peut pas s'enlever de notre tête, simplement parce que nous l'aurions décidé. Nous continuons à avancer par une sorte d'engrenage auquel personne ne résiste, tout simplement parce qu'il est humain : nous ne supporterions pas d'abandonner notre tâche.

Je ne voudrais pas que l'on se méprenne sur la position des juges. Sur un plan privé, j'ai une opinion sur le nouveau monde dans lequel nous sommes entrés. Mais cette appréciation a juste le poids d'une carte d'électeur perdue parmi vingt millions d'autres — et c'est tout. Je n'ai pas, en tant que magistrat, à arbitrer en fonction de mes opinions personnelles. Qu'à titre personnel je m'alarme de la montée des inégalités ou que je me félicite de la création spectaculaire de richesses, ne change rien à mon travail. Le cadre de l'action d'un juge est fixé par le Code pénal. Mais, en tant que magistrat placé à un poste d'observation privilégié, je ressens le devoir d'expliquer l'hiatus entre le droit et les faits.

En laissant dire et en laissant faire, les dirigeants européens prennent le risque de voir la Justice devenir une régulation par défaut. Un banquier, aujourd'hui, craint sans doute plus une perquisition qu'une convocation au ministère des Finances. Or, dans une démocratie, c'est l'inverse qui est dans l'ordre des choses.

De même, la popularité des enquêtes judiciaires sur la délinquance en col blanc, qui se retrouve dans toute l'Europe, de Madrid à Berlin, est à double fond. Bien sûr, l'aspiration à l'égalité devant la loi et le respect de la démocratie sont des valeurs plus répandues qu'on ne le pense. Mais, comme au temps des jeux du cirque, l'opinion peut aussi fantasmer ces instructions financières comme une joute de gladiateurs où de « petits juges » sont encouragés à terrasser les puissants. Cette révolte par procuration trouve un écho en France, qui reste un pays de jacqueries [1]. Je me suis toujours protégée de ce courant. Nous n'agissons pas en tant que personnes. Nous sommes les agents d'une institution, encadrés par des règles strictes, en charge d'une tâche précise. Demain, d'autres que nous reprendrons le travail là où nous l'aurons laissé.

L'opinion ne doit pas demander à la Justice de combattre les inégalités sociales. Ce n'est pas son rôle. « Qui fait l'ange fait la bête », a écrit Pascal, et la Justice n'a rien à gagner dans ce registre.

1. En référence au soulèvement des paysans français contre les seigneurs en 1358.

Prendre date

Il est temps désormais d'espérer.

En 1996, sept magistrats européens ont lancé l'*Appel de Genève* pour un espace judiciaire européen[1]. Ces praticiens du droit pénal posaient une question simple : les hommes, les marchandises et les capitaux circulent sans entraves au sein de l'Union : pourquoi continuer à refuser aux informations judiciaires une liberté que l'on accorde à l'économie ?

En soulevant cette question, ils mettaient le doigt sur le point aveugle de notre monde. Leur répondre « non », c'était avouer que la démocratie s'arrête là où commence la finance et que le bien commun est réduit aux acquêts de l'économie *off-shore*. L'aveu aurait été trop lourd de conséquences. Leur répondre « oui », c'était accepter d'adapter notre système politique à la finance et d'adapter la finance à la politique. Les

1. Bernard Bertossa, procureur général de Genève ; Edmondo Bruti Liberati, secrétaire général de l'Association des magistrats italiens ; Gherardo Colombo, substitut du procureur de Milan ; Benoît Dejemeppe, procureur du roi à Bruxelles ; Baltazar Garzón Real, juge d'instruction à Madrid ; Carlos Jimenez Villarejo, chef du parquet anti-corruption de Madrid ; Renaud Van Ruymbeke, conseiller à la cour d'appel de Rennes. Lire le texte en annexe.

temps n'étaient pas encore mûrs. L'Union européenne a choisi de leur répondre ni oui ni non. Elle a lancé une série de conférences, symposiums, rapports, missions d'information et autres comités de réflexion qui prouvaient surtout qu'il était urgent d'attendre.

Mais date a été prise.

Depuis lors, notre ancien ministre du Budget et le garde des Sceaux actuel se sont réclamés à de nombreuses reprises, devant l'Assemblée nationale et le Sénat, de l'*Appel de Genève.* En commençant ses travaux, la mission parlementaire actuelle sur les paradis bancaires s'est placée également sous son patronage : « *Ces juges européens, soutenus par leurs opinions publiques nationales, ne pouvaient plus longtemps porter seuls sur leurs épaules une revendication aussi légitime sans être soutenus et relayés par les responsables politiques de leurs pays respectifs*[1]. »

Après sa démission, l'ancien président du FMI (le Fonds monétaire international) — la plus puissante organisation mondiale en matière de finances publiques —, Michel Camdessus, dénon-

1. *In La principauté de Liechtenstein : paradis des affaires et de la délinquance financière,* rapport d'information de la mission sur les obstacles au contrôle et à la répression de la délinquance financière et du blanchiment des capitaux en Europe, p. 7.

çait officiellement les paradis fiscaux, « *ces trous noirs dont profitent la collusion et la corruption. Ils font de la finance, qui pourrait être un levain de développement de nos sociétés, une boue où prolifèrent certains des germes les plus dangereux pour le corps social*[1]. »

Avant qu'il ne soit trop tard

La délinquance financière crée du malheur pour demain.

Il suffit, une fois encore, de regarder au-delà des frontières. D'autres pays, avant nous, ont fermé les yeux sur l'argent occulte. Ils souffrent aujourd'hui des conséquences de leur inconséquence. Tout le monde se souvient de la célébration unanime du fameux consensus social japonais. À l'époque, les analystes oubliaient de souligner l'influence grandissante de la mafia nationale, réduite à un simple folklore culturel, une survivance de l'Histoire. Or, depuis dix ans, ce grand pays n'arrive pas à redresser la tête parce qu'il lui est impossible de solder ses dettes spéculatives, notamment dans l'immobilier.

L'argent sale dérègle en effet le marché spé-

1. Intervention au colloque « Éthique et Finance », qui s'est tenu à Rome, en avril 1999.

culatif. Certes, la spéculation est un mécanisme du marché qu'il ne faut pas diaboliser, un pari comme un autre. Ce pari doit cependant pouvoir être calculé au plus juste par un acheteur, en fonction d'informations fiables. Lorsqu'une banque décide d'investir dans l'achat de cent mille mètres carrés de bureaux, elle tient compte de l'état du marché. Si l'augmentation de 15 ou 20 % par an du marché immobilier est la conséquence d'une véritable demande, la banque ne fera pas un mauvais pari en acceptant ce prix. Le marché lui indiquera une tendance fiable, qui prouve que le quartier connaît un boom d'activité. Mais si cette augmentation tire son origine d'un circuit de blanchiment d'argent, le pari devient beaucoup plus hasardeux. La délinquance financière envoie de mauvais signaux. Au final, la fuite en avant et le krach pénalisent tout le monde — et pas simplement les criminels.

Les dettes immobilières des banques japonaises sont colossales. Plus d'un tiers de ces créances douteuses est détenu par les yakusas, la mafia japonaise, qui refusent tout arrangement[1].

1. « *La Coopérative Crédit Purschasing C°, créée par 162 établissements financiers pour récupérer les 100 milliards de dollars de mauvaises créances, n'avait pu en récupérer que 4 % trois ans plus tard, à cause des yakusas* », *in* Jean de Maillard et Pierre-Xavier Grézaud, *Un monde sans loi, op. cit.* p. 78.

De grandes banques sont officiellement rackettées. Les quatre premières maisons de titres ont été compromises avec la mafia, certains de leurs dirigeants arrêtés, d'autres se sont suicidés. Ces affaires occupent à peine quelques lignes dans nos journaux financiers. Les mêmes quotidiens consacraient, quelques mois auparavant, des dossiers spéciaux à la réussite des banques japonaises. Seul Noël Goutard, le P-DG de Valéo, une grande entreprise d'équipement automobile, évoquait dans un livre récent « *les retraités japonais qui ont vu leur épargne dilapidée par un système bancaire mafieux*[1] ».

Il serait très optimiste, pour ne pas dire dangereux, de penser que le Japon est un petit îlot de criminalité dans un océan de quiétude. Tout doit être fait pour que l'Union européenne dénoue les liaisons dangereuses entre la planète financière et la grande délinquance. Nous devons réussir à démanteler sur notre territoire les obstacles à la lutte contre la corruption. Les nœuds sont connus : le Luxembourg, le Liechtenstein, Gibraltar, Monaco, l'île de Man, l'île franco-hollandaise de Saint-Martin, Andorre, Jersey, Guernesey, voire même

1. Christine Ockrent et Jean-Pierre Sérini, *Les grands patrons*, *op. cit.*

l'Irlande, l'Autriche[1], et la City de Londres, cet État dans l'État qui n'a jamais transmis à un magistrat étranger le moindre renseignement judiciaire utilisable.

Aujourd'hui, l'objectif paraît utopique, tant est impressionnante la puissance des intérêts en jeu. Mais qui aurait pensé, en 1980, que le mur de Berlin allait tomber dix ans plus tard ou que les mines antipersonnelles seraient un jour interdites ? Ce qui a été créé en dix ans peut être corrigé en dix ans. La situation actuelle porte même en elle trop de déséquilibres pour qu'un sursaut soit évitable. L'unique question est de savoir quand. Seule une prise de conscience, pourra permettre un traitement préventif. Sinon, il faudra attendre un krach spectaculaire ou un scandale plus violent encore que ceux que nous connaissons. Notre responsabilité est d'agir collectivement pour épargner à l'Europe, chacun où nous sommes, à notre place, des malheurs évitables.

Un nouveau modèle démocratique naîtra sans doute de cette métamorphose. Il n'aura pas grand-chose à voir avec un super État-nation, extrapolation gigantesque de nos États natio-

1. L'Autriche abrite plus de 30 millions de comptes numérotés pour 8 millions d'habitants.

naux, à l'échelle du continent. Il sera plutôt fait, comme le monde d'aujourd'hui, de réseaux, de lieux d'arbitrage, de procédures décentralisées ; bref, d'une architecture politique et juridique nouvelle. Tout est à inventer. Les hommes et les femmes politiques sont bien plus légitimes que les magistrats pour dessiner un cadre institutionnel nouveau. Mais, déjà, des professionnels du droit pénal ont lancé les bases d'un *corpus juris* européen, c'est-à-dire d'un cadre pénal applicable à l'Union, autour de la création d'un parquet européen [1].

« *Dans l'Europe du Moyen Âge, la multitude des juridictions et leur chevauchement étaient la seule chance offerte à la liberté des hommes, dans l'universalité, parfois oppressante, de la Chrétienté : on montre dans les faubourgs de Salzbourg la borne où s'arrêtait le pouvoir de l'archevêque. À l'âge de l'information universelle, il est tout aussi important d'établir des barrières qui soient autant de sauvegardes, d'inventer des communautés particulières* », écrit encore Jean-Marie Géhenno [2]. Nous devrons pouvoir, demain, montrer la borne où s'arrête le pouvoir de la finance *off-shore*.

1. Cf. *Corpus Juris*, sous la direction de Mireille Delmas-Marty, Economica, Paris, 1997.
2. Jean-Marie Géhenno, *L'avenir de la liberté*, Flammarion, 1999.

D'autres valeurs

Bien sûr, de nombreux délits que nous poursuivons aujourd'hui ne le seront plus dans quelques années. Un collègue me racontait une anecdote révélatrice. En 1975, il était inspecteur du travail et faisait partie d'un groupe de travail qui s'alarmait de la multiplication des violations du contrat de travail à durée indéterminée par certaines entreprises « criminelles » (les dirigeants en étaient dans l'ensemble peu recommandables). Vingt ans plus tard, non seulement la plupart de ces pratiques illégales avaient été légalisées dans les entreprises les plus honorables, mais quatre-vingts pour cent des emplois créés l'étaient désormais par le biais de nouvelles formes de contrats, plus souples, première marche vers une flexibilité du travail à l'anglo-saxonne. Le crime est parfois l'oscillographe qui enregistre à l'avance les révolutions de demain.

À l'inverse, d'autres comportements, largement tolérés, seront demain sévèrement réprimés. Nous savons que l'impunité n'est jamais absolue. La spoliation des Juifs ou l'or nazi rattrapent aujourd'hui la Suisse. Les complicités de leurs hommes politiques avec la mafia ont été poursuivies par les juges italiens. D'autres compromissions similaires seront mises à jour par les pouvoirs publics eux-mêmes. C'est la nature même de la Justice que d'accompagner l'évolution des valeurs que la politique, seule, arbitre à chaque instant.

Nous allons, pour de nombreuses années encore, être au point de friction de toutes les forces en présence. Les étudiants ne s'y trompent pas. La promotion 1996 de l'École de la magistrature s'est baptisée *Appel de Genève.* Et cette année, davantage d'élèves de Sciences-Po se sont dirigés vers le concours de la magistrature de préférence à celui de l'ENA. La réponse judiciaire ne suffit pas. Seule la politique peut relever le défi. Mais nous sommes, comme le bain d'argent qui fixe le négatif, le révélateur photographique de la société en métamorphose.

Un symbole

Je suis frappée depuis quelques mois par l'impact de la marée noire de décembre 1999 sur la côte atlantique. Cet accident a été, à l'image de la finance globale, le royaume des non-coupables. Plus de soixante pour cent du fret mondial circulent sous des pavillons de complaisance *off-shore*, à l'instar des capitaux réfugiés dans les bunkers de la finance. Les sociétés écran s'emboîtent les unes dans les autres. Il arrive qu'une cargaison de pétrole change plusieurs fois de propriétaire en chemin. Nos belles lois sur l'environnement, redoutables d'efficacité sur la petite rivière de la Juine près de laquelle j'ai habité trente ans, ne valent soudain plus rien dans l'océan Atlantique.

Combien de temps allons-nous tolérer que le droit s'arrête aux portes de ces micro-États qui ne connaissent que la loi du silence ?

Je regardais cet hiver les photos des bénévoles en ciré jaune, une pelle à la main. Et j'avais l'impression de les comprendre de l'intérieur. Ils étaient l'image de notre travail. S'il le faut, comme tous les magistrats de France et de Navarre, je continuerai pendant cinq ans encore à ouvrir mon Code pénal chaque matin. Nous ferons ce que nous avons à faire, sans illusion, mais sans désespoir. Après tout, demain est toujours un autre jour. Pourtant, si la délinquance financière ne devient pas l'affaire de tous, je doute que nous arrivions seuls à en conjurer les périls.

Tourner la page

Je pensais qu'un livre s'écrivait dans le calme, et j'ai été saisie par l'urgence. Six mois comme dans un souffle, des soirées, des week-ends, des jours fériés, des heures volées à la course : papiers griffonnés dans l'avion, magnétophone qui tourne et ne s'arrête plus. J'ai découvert des questions sans réponse et la complexité de ces pages à reprendre et à corriger, inlassablement, jusqu'à ne plus saisir le sens des mots. J'avais une obsession : être au plus près de ma vérité. Je viens de lire les épreuves de mon livre. Je ne saurais mieux dire.

J'écris ces dernières lignes dans une maison entourée de sapins et de bouleaux. Le paysage que je guette depuis la fenêtre n'a pas changé depuis mille ans. Avec des amis, nous venons de marcher sept heures sans rencontrer personne, sinon quelques élans. La glace n'a pas encore totalement fondu sur la rivière. Le sol était spongieux, détrempé par la fonte des neiges.

En Norvège, j'oublie la pression et le risque de mon métier.

Peu après le début de l'instruction Elf, j'ai reçu des menaces de mort. Une protection rapprochée a été nécessaire. J'ai décidé de continuer à vivre normalement. Il m'a fallu cependant intégrer la contrainte des gardes du corps et de la surveillance constante. Les hommes et les femmes se comportent différemment face à quelqu'un qu'ils savent en danger. La peur, pour celui ou celle qui la porte en lui, peut conduire à l'isolement.

Ici, je retrouve mes racines. Ma vie est à Paris, mais j'aime le sens de la nature des Norvégiens, leur solidité, le désintéressement de leur engagement. Lorsque je peux les aider, je participe au conseil d'administration d'une ONG norvégienne, PLAN INTERNATIONAL. Cet hiver, nous avons visité ses installations au Sénégal. Leur politique de micro-crédits m'a paru un modèle. Lorsque j'aurai fini ma carrière, j'aimerais travailler plus pour eux. J'ai commencé à travailler à seize ans et je ne me vois pas arrêter brutalement.

À cinquante-six ans, je me sens libre, encore capable d'être heureuse de plusieurs manières différentes, même au bord d'un fjord, dans le dénuement de l'hiver. Je n'imagine pas que l'avenir soit laid ou triste. Cette confiance m'habite aussi lorsque je pense à l'avenir de la Justice. Si on leur en offrait la possibilité, la plupart des citoyens seraient prêts à sacrifier une part de leur tranquillité pour la collectivité. La prise de conscience sera lente, mais elle viendra à bout du fatalisme et du renoncement. J'ai gardé les réflexes du milieu modeste d'où je viens : entre gens simples on s'aide beaucoup, parce que c'est seulement comme cela que la vie est possible. Il faut toujours garder une fenêtre ouverte.

Ce livre, commencé dans l'inquiétude, alors que tout était calme autour de moi, que personne n'était au courant de ma décision, se termine dans la confiance, à l'heure où, pourtant, mes amis s'alarment des conséquences d'une trop grande liberté de ton. Mais entre le confort et la vérité il n'y a pas de ligne médiane. Je confie au lecteur ce livre rédigé à la diable, au jour le jour, incomplet sûrement, mais écrit avec des sentiments vrais.

REMERCIEMENTS

Premier entre tous, je remercie Serge Rongère, mon greffier qui, depuis quatre ans, ne compte ni ses heures, ni ses efforts. Il sait tout ce que je lui dois. Mais un livre est une autre aventure. J'ai apprécié, tout au long de ces six mois de travail, les conseils, l'engagement et la discrétion de Anouchka Krygelmans, Marie Leroy, Daniel Collet, Philippe Gerval, ainsi que toute l'équipe des Éditions des Arènes. Plusieurs lecteurs ont apporté des suggestions importantes. Leur aide nous a été précieuse, avec Laurent Beccaria, dans l'élaboration de ce récit.

Le système judiciaire en France

La justice en France comprend un ordre administratif et un ordre judiciaire.

L'ORDRE ADMINISTRATIF tranche les litiges entre les particuliers et la puissance publique.

L'ORDRE JUDICIAIRE a une double mission, civile et pénale : la justice civile règle les conflits d'ordre privé, entre particuliers; LA JUSTICE PÉNALE sanctionne les auteurs d'infraction.

L'ORGANISATION DE LA JUSTICE en France repose sur le principe de l'unité de la justice civile et pénale. Ce sont les mêmes juridictions qui statuent tantôt en matière civile, tantôt en matière pénale.

L'ORGANISATION DE LA JUSTICE CIVILE EN FRANCE

A — Les juridictions de droit commun

1. La Cour de cassation

LA COUR DE CASSATION, créée en 1790, est la juridiction suprême de l'ordre judiciaire. Elle contrôle la légalité de la décision qui lui est soumise en vérifiant si les règles de droit ont été correctement appliquées et la loi correctement interprétée. Elle ne procède pas à un nouvel examen des faits et ne constitue donc pas un troisième degré de juridiction. La Cour de cassation assure l'unité de la jurisprudence. Elle siège à Paris et a compétence sur tout le territoire national.

2. La cour d'appel

L'APPEL tend à faire réformer ou annuler par la cour d'appel un jugement rendu par UNE JURIDICTION DU PREMIER DEGRÉ.

3. Les tribunaux de grande instance

LE TRIBUNAL DE GRANDE INSTANCE statue en collégialité. Il est composé de magistrats professionnels (présidents, vice-présidents et juges). Cependant, certaines affaires peuvent être jugées à juge unique. Les tribunaux de grande instance ont compétence exclusive dans les matières définies par l'article L.311-2 du Code de l'organisation judiciaire (divorces, adoptions, etc.). Ils ont en outre vocation à juger tous les litiges qui ne sont pas spécialement attribués à une juridiction.

4. Les tribunaux d'instance

LES TRIBUNAUX D'INSTANCE sont compétents pour toutes les affaires qui mettent en jeu des sommes inférieures à 50 000 F. Le tribunal d'instance statue à juge unique, magistrat professionnel. Il statue dans certains cas en premier ressort (possibilité d'appel) et dans d'autres cas en premier et en dernier ressort (uniquement possibilité de pourvoi en cassation).

		Premier degré			
		Tribunaux	**Affaires jugées**	Deuxième degré	
Judiciaire	Civil	Tribunal de grande instance (181)	Affaires civiles qui ne sont pas jugées par les tribunaux spécialisés (divorces, adoption).	**Cour d'appel** (35) Réexamine une affaire déjà jugée par un tribunal.	**Cour de cassation** (1) Ne juge pas l'affaire elle-même, mais vérifie si les lois ont été appliquées correctement par les tribunaux d'appel.
Judiciaire	Civil	Tribunal d'instance (473)	Tutelle, loyer, etc. et affaires civiles jusqu'à 50 000 F.		
Judiciaire	Civil	Tribunal de commerce (191)	Affaire entre commerçants ou relatives aux actes de commerce.		
Judiciaire	Civil	Conseil de prud'hommes (270)	Affaires nées à l'occasion des contrats de travail ou d'apprentissage.		
Judiciaire	Civil	Tribunal paritaire des baux ruraux (431)	Affaires nées de l'application du bail rural.		
Judiciaire	Civil	Tribunal des affaires de Sécurité sociale (116)	Litiges avec les organismes de Sécurité sociale (maladies, retraites, etc.).		
Judiciaire	Pénal	Tribunal de police	Contraventions, infractions les moins graves passibles d'amende.		
Judiciaire	Pénal	Tribunal correctionnel	Délits, infractions que la loi punit de peines d'amendes, d'emprisonnement (10 ans au plus) et d'autres peines.		
Judiciaire	Pénal	Cour d'assises (104)	Crimes, infractions les plus graves.		
Administratif		Tribunal administratif (35)	Litiges concernant la puissance publique (administrations, entreprises publiques, etc.).	**Cour administrative d'appel** (8) Réexamine une affaire déjà jugée par un tribunal administratif.	**Conseil d'État** (1) Réexamine une affaire jugée par les autres juridictions administratives et statue directement sur la légalité des actes administratifs les plus importants.
Administratif		Autres juridictions administratives	Pensions civiles et militaires, aide sociale, etc.		

Les degrés de juridictions

B — Les juridictions spécialisées

Outre les juridictions de droit commun mentionnées ci-dessus, l'ordre judiciaire français comprend des juridictions spécialisées, dites tribunaux d'exception, de nature civile : tribunaux de commerce (composés uniquement de commerçants élus par leurs pairs), tribunaux des affaires de sécurité sociale, conseils de prud'hommes, tribunaux paritaires de baux ruraux.

L'ORGANISATION DE LA JUSTICE PÉNALE EN FRANCE

1. Le ministère public

LE MINISTÈRE PUBLIC, constitué de l'ensemble des magistrats du parquet, défend l'ordre public. Ses attributions judiciaires sont d'ordre pénal et civil, ainsi qu'administratives.

En matière pénale, il reçoit les plaintes et les procès-verbaux qui remontent des commissariats ou des gendarmeries et apprécie les suites à donner. LES MAGISTRATS DU PARQUET traitent plus de 90 % des affaires. Ils exercent l'action publique, contrôlent les enquêtes judiciaires, le déroulement de l'instruction et du jugement. Le parquet requiert l'application de la loi et assure l'exécution des décisions de justice. Outre ses attributions judiciaires, le procureur de la République surveille les officiers publics et ministériels et les officiers d'état civil. Il dirige la police judiciaire.

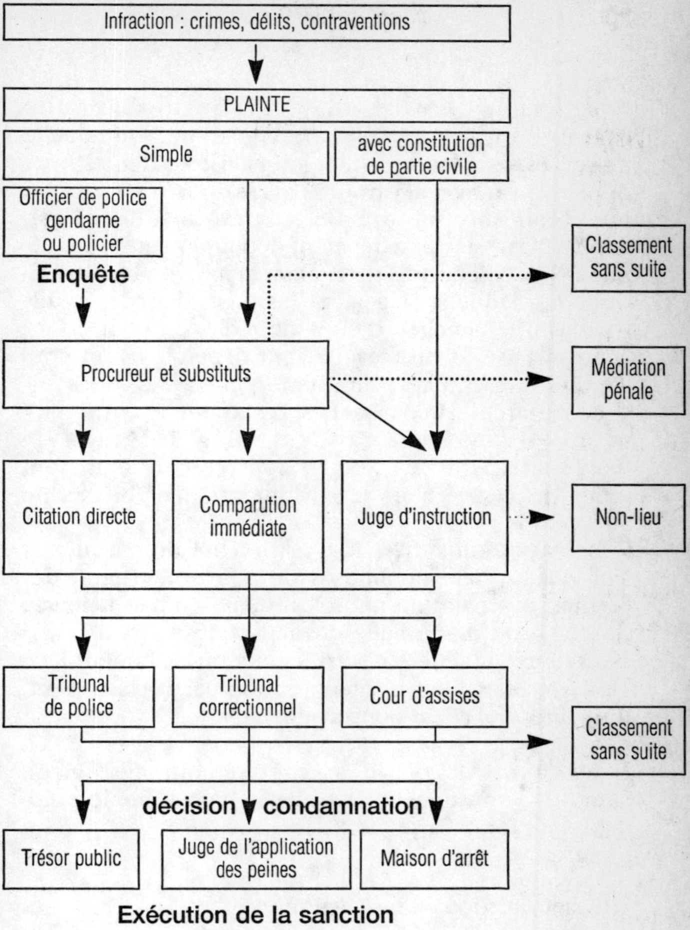

L'organisation de la justice pénale

LES MAGISTRATS, au sein de chaque tribunal, se répartissent en deux catégories : LES MAGISTRATS DU PARQUET ET LES MAGISTRATS DU SIÈGE. On appelle les représentants du parquet les magistrats debout (par opposition à la magistrature assise), en référence au procureur, aux substituts et aux avocats du roi qui, depuis le XIVe siècle, se tenaient debout lorsqu'ils requéraient à l'audience. Ils se tenaient de plus au bas de l'estrade sur laquelle siégeaient les juges, leurs fauteuils posés sur le plancher, d'où le nom de « parquet ».

Les magistrats du parquet sont dépendants du pouvoir et représentent le ministère public.

La hiérarchie du parquet est la suivante : PROCUREUR DE LA RÉPUBLIQUE, PROCUREURS ADJOINTS, PREMIERS SUBSTITUTS, SUBSTITUTS (comme leur nom l'indique, ces derniers se substituent à leur hiérarchie au quotidien).

LE PROCUREUR GÉNÉRAL est le chef du parquet. Il agit sous la tutelle du ministre de la Justice, le garde des Sceaux. LE PROCUREUR suit les affaires en permanence. Il a un droit d'accès aux dossiers confiés aux juges. Il assiste aux audiences des tribunaux où il soutient l'accusation. Mais, hormis son pouvoir initial de classement, il ne dispose pas du pouvoir de juger.

LES MAGISTRATS DU SIÈGE ont pour mission de juger. On trouve au sommet de la hiérarchie, le président, puis les vice-présidents, les premiers juges, et enfin les juges.

2. Les juridictions d'instruction

Les juridictions d'instruction interviennent lors de la phrase préparatoire du procès pénal. On distingue LE JUGE D'INSTRUCTION, magistrat du tribunal de grande instance, et LA CHAMBRE D'ACCUSATION, composée de trois magistrats de la cour d'appel, qui constitue la juridiction du second degré.

LE JUGE D'INSTRUCTION est saisi des affaires pénales les plus complexes : obligatoirement pour les crimes (car ces affaires exigent des investigations complètes sur la personnalité des auteurs ou des victimes et sur les faits : expertises, reconstitutions, confrontations, etc.) ; facultativement en cas de délits ; exceptionnellement pour les contraventions.

Le juge d'instruction ne peut être saisi que par UN RÉQUISITOIRE (INTRODUCTIF OU SUPPLÉTIF) du procureur de la République (article 80 du Code de procédure pénale), ou par la plainte avec constitution de partie civile de la victime. Il ne peut se saisir lui-même, ni décider de l'étendue de sa SAISINE.

Le juge d'instruction a pour mission d'enquêter : il interroge, perquisitionne, opère des saisies, ordonne des expertises. Il constitue un dossier, vérifie et rassemble les preuves. Il instruit « à charge et à décharge », c'est-à-dire qu'il retient les éléments allant à l'encontre du poursuivi et ceux de nature à le disculper. Selon le résultat de ses recherches, il ordonne un non-lieu ou bien clôt son information et transmet le dossier à la juridiction compétente selon la nature de la faute : tribunal de police (contraventions), tribunal correctionnel (délits), cour d'assises (crimes).

Il a le pouvoir de diriger la police judiciaire. Il peut aussi imposer, par ordonnance, le placement des prévenus sous contrôle judiciaire ou leur mise en détention provisoire.

LA CHAMBRE D'ACCUSATION a pour mission de saisir la cour d'assises des dossiers criminels transmis par le juge d'instruction après avoir elle-même procédé à leur examen complet. En matière délictuelle, la chambre d'accusation statue sur des appels formés contre les ordonnances du juge d'instruction.

3. Les juridictions de jugement

Selon un principe constitutionnel, c'est la loi qui détermine en matière de justice pénale la gravité des infractions commises et les peines applicables à leurs auteurs. Il existe trois types d'infractions, réparties en fonction de leur gravité : LES CONTRAVENTIONS, LES DÉLITS et les CRIMES. Le choix du tribunal dépend de la nature de l'infraction.

— LE TRIBUNAL DE POLICE réprime LES CONTRAVENTIONS (infractions les moins graves, sanctionnées par une peine d'amende s'élevant à 20 000 F maximum). Il statue à juge unique, qui est toujours un magistrat professionnel et en principe un juge du tribunal d'instance. Il existe au moins un tribunal de police par arrondissement.

Le rôle du ministère public est en principe tenu par le commissaire de police du lieu où siège le tribunal d'instance, sauf pour les affaires où le procureur de la République du tribunal de grande instance (ou l'un de ses substituts) juge utile de siéger, où encore pour les contraventions de 5ᵉ classe où il doit siéger obligatoirement.

— LE TRIBUNAL CORRECTIONNEL (en réalité une chambre du tribunal de grande instance) sanctionne les DÉLITS (infractions pouvant encourir jusqu'à 10 ans d'emprisonnement). Sa juridiction est généralement collégiale, composée de trois magistrats professionnels du tribunal de grande instance, dont un préside le tribunal. Cependant, lorsque l'intention délictueuse est peu caractérisée, certains délits peuvent être jugés par le tribunal correctionnel statuant à juge unique.

Le ministère public est représenté par le procureur de la République ou par l'un de ses substituts.

Les jugements du tribunal correctionnel peuvent être attaqués par voie d'appel. Celle-ci s'exerce devant la cour d'appel.

— LA COUR D'ASSISES est chargée de juger les crimes (infractions les plus graves susceptibles d'encourir la peine maximale de réclusion criminelle à perpétuité). A la différence des autres juridictions qui ne sont composées que de magistrats professionnels, la cour d'assises comprend deux éléments : le premier, professionnel, est constitué par la cour, au sens strict du mot, composée de trois magistrats (un président et deux assesseurs), assistés d'un représentant du ministère public membre du parquet général de la cour d'appel ou du parquet d'un tribunal de grande instance. L'autre est composé de neuf citoyens tirés au sort à partir des listes électorales. Ce sont ces trois magistrats professionnels (la cour) et ces neuf jurés populaires (le jury) qui délibèrent ensemble sur la culpabilité de l'accusé et sur la peine éventuelle.

De ce mode de fonctionnement découlent plusieurs conséquences :

a) la cour d'assises n'est pas permanente;

b) la justice populaire étant considérée comme la plus élevée, les arrêts de la cour d'assises ne sont pas susceptibles d'appel. La cour d'assises statue en premier et dernier ressort, et ses arrêts ne sont susceptibles que d'un pourvoi devant la Cour de cassation[1] ;

c) enfin, la cour d'assises a la plénitude de juridiction, c'est-à-dire que sa compétence s'étend aux infractions connexes au crime principal dont elle est saisie (délits ou contraventions) ;

d) la cour d'assises est une juridiction départementale.

Sources :
Ministère de la Justice (site : www.justice.gouv.fr)
Renaud Van Ruymbeke, Le juge d'instruction, *« Que sais-je ? », PUF, Paris, 1988.*

1. En attendant l'entrée en vigueur de la réforme en cours.

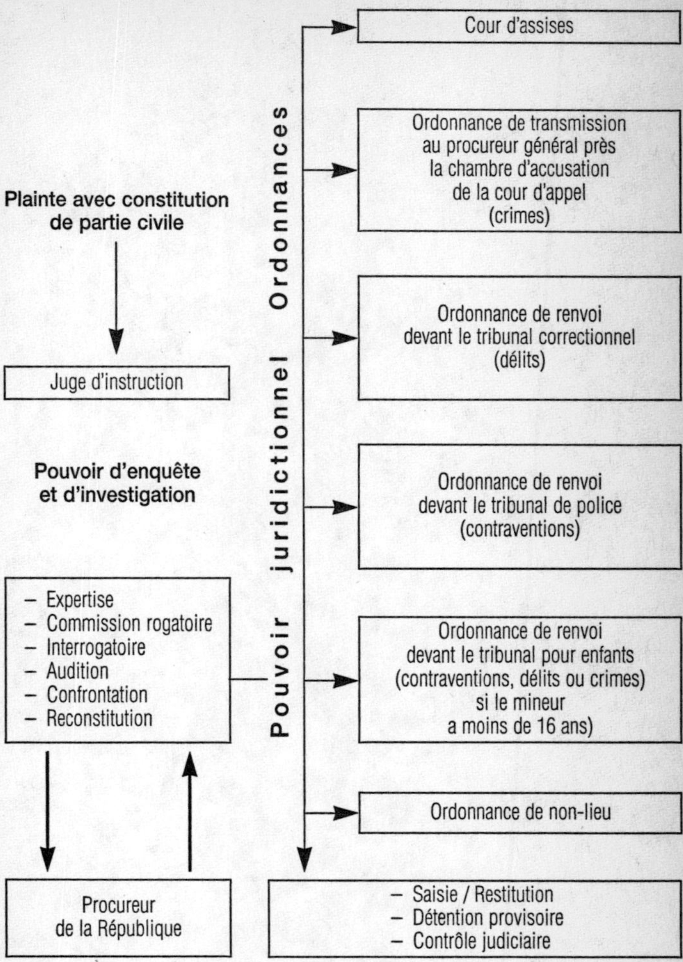

Le déroulement de l'instruction

L'appel de Genève

Conseil de l'Europe, traité de Rome, accords de Schengen, traité de Maastricht : à l'ombre de cette Europe en construction visible, officielle et respectable, se cache une autre Europe, plus discrète, moins avouable. C'est l'Europe des paradis fiscaux qui prospère sans vergogne grâce aux capitaux auxquels elle prête un refuge complaisant. C'est aussi l'Europe des places financières et des établissements bancaires, où le secret bancaire est trop souvent un alibi et un paravent. Cette Europe des comptes à numéros et des lessiveuses à billets est utilisée pour recycler l'argent de la drogue, du terrorisme, des sectes, de la corruption et des activités mafieuses.

Les circuits occultes empruntés par les organisations délinquantes, voire dans de nombreux cas criminelles, se développent en même temps qu'explosent les échanges financiers internationaux et que les entreprises multiplient leurs activités ou transfèrent leurs sièges au-delà des frontières nationales. Certaines personnalités et certains partis politiques ont eux-mêmes, à diverses occasions, profité de ces circuits. Par ailleurs, les autorités politiques, tous pays confondus, se révèlent aujourd'hui incapables de s'attaquer, clairement et efficacement, à cette Europe de l'ombre.

À l'heure des réseaux informatiques d'Internet, du modem et du fax, l'argent d'origine frauduleuse peut circuler à grande vitesse d'un compte à l'autre, d'un paradis fiscal à l'autre, sous couvert de sociétés *off-shore*, anonymes, contrôlées par de respectables fiduciaires généreusement appointées. Cet argent est ensuite placé ou investi hors de tout contrôle. L'impunité est aujourd'hui quasi assurée aux fraudeurs. Des années seront en effet nécessaires à la justice de chacun des pays européens pour retrouver la trace de cet argent, quand cela ne s'avérera pas impossible dans le cadre légal actuel, hérité d'une époque où les frontières avaient encore un sens pour les personnes, les biens et les capitaux.

Pour avoir une chance de lutter contre une criminalité qui profite largement des réglementations en vigueur dans les différents pays européens, il est urgent d'abolir les protectionnismes dépassés en matière policière et judiciaire. Il devient nécessaire d'instaurer un véritable espace judiciaire européen au sein duquel les magistrats pourront, sans entraves autres que celles de l'État de droit, rechercher et échanger les informations utiles aux enquêtes en cours.

Nous demandons la mise en application effective des accords de Schengen prévoyant la transmission directe des commissions rogatoires internationales et du résultat des investigations entre juges, sans interférences du pouvoir exécutif et sans recours à la voie diplomatique.

Nous souhaitons, au nom de l'égalité de tous les citoyens devant la loi, la signature de conventions internationales entre pays européens

— garantissant la levée du secret bancaire lors de demandes d'entraide internationale en matière pénale émanant des autorités judiciaires des différents pays signataires, là où ce secret pourrait encore être invoqué ;

— permettant à tout juge européen de s'adresser directement à tout autre juge européen ;

— prévoyant la transmission immédiate et directe du résultat des investigations demandées par commissions rogatoires internationales, nonobstant tout recours interne au sein de l'État requis ;

— incluant le renforcement de l'assistance mutuelle administrative en matière fiscale. À ce propos, dans les pays qui ne la connaissent pas, nous proposons la création d'une nouvelle incrimination d'« escroquerie fiscale » pour les cas où la fraude porte sur un montant significatif et a été commise par l'emploi de manœuvres frauduleuses tendant à dissimuler la réalité.

Par cet appel, nous désirons contribuer à construire, dans l'intérêt même de notre Communauté, une Europe plus juste et plus sûre, où la fraude et le crime ne bénéficient plus d'une large impunité et d'où la corruption sera réellement éradiquée.

Il en va de l'avenir de la démocratie en Europe, et la véritable garantie des droits du citoyen est à ce prix.

BERNARD BERTOSSA,
EDMUNDO BRUTI LIBERATI,
GHERARDO COLOMBO,
BENOÎT DEJEMEPPE,
BALTASAR GARZÓN REAL
CARLOS JIMENEZ VILLAREJO,
RENAUD VAN RUYMBEKE.

Le 1er octobre 1996

ANNEXES

Composition Bussière
et impression Bussière Camedan Imprimeries
à Saint-Amand (Cher), le 5 mars 2002.
Dépôt légal : mars 2002.
Numéro d'imprimeur : 20317-020288/1.
ISBN 2-07-042376-X./Imprimé en France.

11336